칭 찬 은
고 래 도
춤추게 한다

WHALE DONE!
by Ken Blanchard, Thad Lacinak, Chuck Tompkins, and Jim Ballard

Copyright © 2002 by Blanchard Family Partnership
All rights reserved.

This Korean edition was published by Book21 Publishing Group in 2018 by
arrangement with the original publisher, Free Press, a Division Simon&Schuster, Inc., New York
through KCC, Seoul

이 책은 (주)한국저작권센터(KCC)를 통한
저작권자와의 독점계약으로 (주)북이십일에서 출간되었습니다.
저작권법에 의해 한국 내에서 보호를 받는 저작물이므로
무단전재와 복제를 금합니다.

켄 블랜차드 외 지음
조천재 옮김

칭찬은 고래도 춤추게 한다

21세기북스

칭송받지 못했던 영웅들에게 이 책을 바친다.
자신의 일을 올바르게 해내는 사람들을 찾아내는 데
헌신적이었던 수많은 개인들…….
이 책을 읽은 후 여러분의 이름이
그 영웅의 명단에 오를 수 있기를 진심으로 바란다.

prologue

칭찬의 승리

1976년, 나는 가족들과 함께 안식년을 즐겁게 보내기 위해 샌디에이고에 갔다. 제일 먼저 찾아간 곳은 씨월드 해양관이었는데, 주변 사람들이 범고래 샴의 쇼는 꼭 봐야 한다고 했기 때문이다.

하지만 나는 범고래가 가장 무시무시한 '바다의 포식자'라는 사실을 알고 있었기에 범고래에게 멋진 쇼까지 기대한다는 건 무리이고 그저 범고래가 헤엄을 치는 정도일 거라고 생각했다. 그러나 샴 스타디움에서 쇼가 시작되었을 때 나의 놀라움은 말로 형언할 수 없을 정도였다.

우리 가족은 범고래들의 멋진 쇼를 보고 범고래에 대해 열광하는 팬이 되고 말았다. 그 거대하고 무시무시한 포식자가 어떻게 조련사의 지시에 따라 점프하고 멋진 모습으로 묘기를 펼쳐 보일 수 있는지 놀라울 따름이었다. 나는 범고래에게 매혹되고 말았다. 그리고 곧 어떻게 이 범고래들로 하여금 그렇게 즐거운 모습으로 멋지게 묘기를 펼칠 수 있도록 만들었는지 궁금해졌다.

사람들을 생산적이고 편안하게 만들기 위해서는 그들이 가장 잘할 수 있는 일을 발견하도록 도와주어야 한다. 하지만 실제로 대부분의 회사와 가정에서는 정반대의 일들이 빈번하게 벌어지며 그에 따라 사람들의 사기는 계속 저하된다. 많은 사람들이 옳지 않은 일을 마치 당연한 것처럼 행한다. 그 옳지 않은 일 중 하나가 벌을 주는 것이다. 그러나 내가 범고래 쇼에서 다시 한 번 확신하게 된 것은 벌을 주는 것이야말로 가장 잘못되고 위험한 행동이라는 점이었다. 나의 고객들에게 샴의 쇼를 구경시켜주고 씨월드의 수석 조련사인 처크 톰킨스를 만나게 해준 후 나의 믿음은 더욱 강해졌다. 처크 또한 나와 같은 생각을 가지고 있었다. 그래서 처크는 나에게 고래 훈련법을, 나는 처크에게 사람을 가르치는 법을 서로 알려주면서 의견을 나누게 되었다. 나는 씨월드의 조련사들이 사용하는 '전환redirection'이라는 방법에 매료되었다. 조련사들은 자신이 원하지 않는 방향으로 범고래가 행동했을 경우, 즉시 고래의 관심을 다른 곳으로 유도했다. 간단한 듯하지만 실제로는 까다롭고 강력한 이런 전략을 통해 조련사들은 고래들이 잘해낼 수 있는 새로운 여건을 만들어갔다.

모든 일을 긍정적으로 봐야 한다는 것은 누구나 동의하는 원칙이다.

하지만 정작 자기 주변의 사람이 부정적인 영향을 미칠 만한 행동을 했을 때는 어떻게 해야 하는 걸까? 처크와 씨월드의 다른 조련사들이 바로 그 질문에 대한 답을 주었다. 즉 대부분의 사람들이 잘못된 일에 대해 관심을 집중하는 것과 달리 그들은 잘못된 일에 쓰인 에너지를 긍정적인 결과를 얻을 수 있는 에너지로 전환시키고 있었던 것이다. 처크와 나는 전환 방식과 긍정적인 것에 대한 집중이 조화를 이룬다면 회사와 가정에서의 인간관계에 커다란 변혁을 가져올 수 있다는 걸 깨닫고 그에 대한 개념과 설명이 들어 있는 책을 쓰기로 했다.

그 계획은 처크가 나에게 자신의 상사이자 친구인 타드 라시나크를 소개시켜주기 전까지 몇 년 동안 그저 꿈으로만 남아 있었다. 그러다가 드디어 우리 세 명의 공상가들은 꿈을 현실로 바꾸는 작업에 착수했다. 작업에 착수하고 얼마 뒤 나는 오랜 친구이자 작가인 짐 발라드를 우리 프로젝트에 참여시켰고 이 핵심 구성원들과 함께 책은 서서히 형태를 잡아가기 시작했다. 나는 이 책을 쓰면서 즐거움을 넘어 환희를 느꼈다. 지금까지 내가 쓴 책 가운데 가장 중요한 책이 바로 이 책이라고 생각한다.

켄 블랜차드

Prologue • 6

제1장 범고래 샘이 가르쳐준 지혜

긍정적인 면을 강조한다 • 15
잘한 일에 집중한다 • 27
벌을 주지 말고 시간을 주어야 한다 • 41

제2장 인간관계 전문가 앤 마리의 강연

무관심은 최대의 적 • 53
과정을 칭찬한다 • 65
'고래 반응'이 가정과 회사를 살린다 • 77

제3장 앤 마리와의 특별한 만남

스스로 동기부여를 하도록 만든다 • 95
인간관계는 최고의 경쟁력 • 105

제4장 가족과 함께한 플로리다 여행

시작이 반이다 • 121
일은 보상보다 재미가 더 중요하다 • 135
첫사랑을 대하듯 다른 사람을 대한다 • 159

제5장 회사를 살린 칭찬의 힘

가끔은 나를 칭찬한다 • 181
칭찬은 결코 배신하지 않는다 • 199

제1장

범고래 샴이 가르쳐준 지혜

You are excellent

긍정적인 면을 강조한다

'어떻게 저렇게 할 수 있을까?'

범고래가 물 위로 날아오르면서 놀라운 묘기를 선보이자 3,000명이 넘는 관중들은 놀라움에 탄성을 터뜨리기 시작했다. 스탠드에 앉아 있는 관중들의 눈은 거대한 범고래와 조련사에게 집중되기 시작했다. 사람들 속에서 푸른 셔츠에 카키색 바지를 입은 한 남자 또한 다른 누구보다도 놀란 표정으로 그 광경을 바라보고 있었다.

범고래들의 놀라운 묘기에 관중들이 갈채를 보낼 때마다 그 남자의 눈도 놀라움과 즐거움으로 빛났다.

그러나 쇼가 끝나 함성이 잦아들고 주위가 조용해지자 그의 안색은 흐려지고 시선은 멍하니 하늘을 향했다.

웨스 킹슬리는 회의에 참석하기 위해서 이곳, 올랜도에 왔다. 지금은 회의 참석자들이 휴식을 취하면서 골프를 치거나 이 지역의 명소를 방문할 수 있도록 일정이 비어 있는 시간이었다. 그래서 그는 잠시나마 자신의 문제를 잊어보려고 세계에서 가장 유명한 해상 동물원을 찾아온 것이다.

그는 이곳에 오기를 잘했다는 생각이 들었다. 거대한 스타디움에 관중들이 들어차기 전에 도착한 그는 푸른 물이 넘실거리는 풀장의 위쪽에 자리를 잡았다. 조련사들이 관중에게 인사하고 안전 수칙을 알려준 다음 곧바로 신비로운 안개가 수면 위로 퍼져 나가기 시작했다. 관중석의 뒤편 위에서 물수리의 울음소리가 들려왔다. 물수리들은 갑자기 관중석의 위쪽에서 날아와 찰랑이는 물을 향해 다이빙을 하더니 안개 낀 물속에서 미끼를 낚아챘다. 새들이 날아가자 검은색의 큼직한 등지느러미가 물살을 갈랐고, 관중들은 물속 깊은 곳에서 원을 그리는 검은색의 거대한 형상을 숨죽이고 바라보았다. 잠수복을 입은 조련사가 안개 속에서 카약을 타고 나타나자 거대한 범고래의 지느러미가 그를 둘러쌌다.

이 극적인 개막에 이어 범고래 세 마리가 계속해서 놀라운 곡예 점프와 다이빙을 선보이며 쇼는 절정으로 치달았다. 바다에서 가장 무서운 포식자로 알려진 무게가 5,000파운드가 넘는 범고래들이 관중들에게 가슴지느러미를 흔들고 조련사를 배에 태워 헤엄치며 관중석 앞쪽에 앉아 있는 사람들에게 꼬리로 물세례를 하는 장면은 실로 장관이었다. 관중들은 웃음과 탄성, 그리고 놀란 표정과 우레와 같은 박수를 보내며 쇼를 즐겼다.

웨스 킹슬리도 앞에서 펼쳐지는 쇼에 매료되었다. 마지막으로 범고래 세 마리가 반짝이는 등지느러미를 세우고, 흰 배를 풀장의 무대에 올려놓은 채로 정중히 인사하자 웨스는 자신의 작은 노트에 무언가를 급히 적어 내려갔다.

스타디움을 빠져나가는 인파 속에는 '스플래시 존 splash zone'이라 불리는 앞줄에 앉아 있다가 물세례를 받은 사람들도 있었는데 그들은 물세례로 옷이 흠뻑 젖었다는 사실은 아랑곳하지 않는 듯, 몸에서 물이 뚝뚝 떨어지는데도 즐거워했다.

웨스 킹슬리는 텅 비어 있는 스탠드 위쪽에 앉아 풀장을 내려다보았다. 조금 전까지 거대한 물살을 일으키던 깊고 푸른 물결이 서서히 잠잠해지자 그의 기분 또한 잦아드는 것 같았다.

관중들이 모두 나가고 스타디움이 조용해지자 물속에 있는 문이 열리고 거대한 검은 물체가 풀장 안으로 미끄러져 들어왔다. 조련사가 문을 나와 풀장 주변을 거닐기 시작하자 범고래는 곧장 그에게 헤엄쳐 왔다.

"잘했다, 샴."

조련사는 고래의 머리를 쓰다듬어주었다.

"휴식 시간을 마음껏 즐기렴. 넌 그럴 자격이 있어."

조련사가 다시 풀장 주변을 걷기 시작하자 고래도 그를 따라 움직이기 시작했다. 마치 오래도록 그와 함께 있고 싶은 것처럼…….

스탠드에 앉아 있던 웨스 킹슬리는 고개를 갸우뚱거렸다. 쇼가 끝나면 고래도 자유롭게 휴식 시간을 보내고 싶어 할 텐데, 오히려 범고래는 자신을 감독하고 관리하는 사람과 함께 시간을 보내고 있지 않은가. '휴식 시간에도 조련사와 함께하다니!' 쇼가 시작될 때부터 가졌던 의문이 더욱 강해졌다. 조련사에게 가서 질문을 던지고 싶은 충동이 일었지만 창피를 당할까봐 망설였다. 조금 이따 그는 벤치에서 일어나 재빨리 계단을 내려갔다. 그리고 용기를 내어 풀장 가장자리로 다가가 조련사에게 인사를 건넸다.

"실례합니다."

조련사가 놀란 듯 쳐다보더니 출입문을 가리키며 말했다.

"출구는 저쪽인데요."

"그게 아니라, 뭘 좀 여쭤보고 싶습니다."

그렇게 말하며 다가서는 웨스는 조련사의 거절을 받아들이지 않을 듯한 기세였다.

"그러시죠……."

기세에 놀란 조련사가 대답했다.

"뭘 알고 싶으신가요?"

웨스는 지갑에서 100달러 지폐를 꺼냈다.

"대답해주시면 그만한 대가를 지불하겠습니다. 제가 알고 싶은 것은 아마 이 쇼를 본 모든 사람이 궁금해할 거라고 생각합니다. '비결이 무엇일까?'라는 것이죠. 이 고래들이 당신을 위해 쇼를 하도록 어떤 술책을 쓰는 겁니까? 혹시 굶기나요?"

잠수복 차림의 조련사는 뜻하지 않은 방문객의 무례한 행동을 가까스로 참으며 차분하게 대답했다.

"술책이라뇨! 그런 건 없습니다. 굶기지도 않죠. 그리고 돈은 받지 않겠습니다."

"좋아요. 그럼 어떻게 하는 겁니까?"

웨스가 물었다. 하지만 조련사가 굳은 표정으로 오랫동안 대답하지 않자 그제야 분위기를 파악한 웨스의 행동이 조심스러워졌다. 그는 자신의 행동이 상대방을 불쾌하게 만든 것을 깨닫고 돈을 지갑에 넣었다.

"죄송합니다."

웨스는 악수를 청하며 사과했다.

"저는 웨스 킹슬리라고 합니다. 기분이 상하셨다면 사과드립니다. 정말로 이 동물들이 어떻게 이런 대단한 공연을 할 수 있는지 알고 싶은 마음이 너무 강해서 그랬습니다."

"데이브 야들리입니다."

조련사가 악수를 하면서 말했다.

"이곳에서 동물의 훈련을 책임지고 있습니다. 그런 질문이라면 잘 찾아오신 것 같군요. 궁금하신 점에 대한 답을 드리지요. 그건 바로 우리에게 선생님이 있기 때문입니다. 한번 만나보시겠습니까?"

웨스는 주변에 다른 사람이 있나 하고 둘러보았다. 아무도 없었다. 그가 다시 뒤를 돌아봤을 때 데이브는 범고래를 가리키고 있었다.

"이 녀석이 바로 우리의 선생님입니다."

데이브가 웃으면서 계속 말을 이었다.

"이름은 샴입니다. 이 녀석과 여기 씨월드의 다른 범고래들이 우리를 가르치고 있습니다. 저희는 이 멋진 동물들과 함께 일하고 있을 따름이죠."

웨스는 눈치를 보며 조심스럽게 말했다.

"저…… 지금 이 동물이 당신을 훈련시켰다는 말입니까? 제 생각에는 그 반대일 것 같은데요."

데이브는 고개를 저었다.

"샴은 전 세계의 모든 동물원에 있는 범고래 가운데 가장 큰 범고래입니다. 누가 누구를 훈련시키느냐를 따지는 것보다 중요한 점이 있습니다. 무게가 수천 파운드나 나가는 말 못하는 동물을 다룰 때는 많은 것을 배워야 합니다."

웨스는 샴의 거대한 입에 나 있는 날카로운 이빨을 쳐다봤다.

"제 생각에는 샴이 가르쳐줄 수 있는 건 단지 그의 기분을 항상 좋게 유지시켜야 한다는 것뿐인 듯한데요."

"보통 그렇게 예상합니다. 그러한 생각을 뒷받침하는 자료가 많으니까요."

데이브가 미소 지으며 말했다.

"범고래는 바다에서 가장 무시무시한 육식동물입니다. 눈에 보이는 건 뭐든지 먹어치우죠."

"말씀대로라면 범고래가 가르쳐주는 것을 제대로 배우지 않았다면, 위험해서 이렇게 함께 있을 수조차 없었겠군요."

웨스가 놀라워하며 말했다.

"바로 맞히셨습니다."

데이브가 빙그레 웃으며 맞장구쳤다.

"저희가 제일 처음 배운 것이 그것입니다. 범고래에게 벌을 주고 나서 조련사에게 '범고래와 함께 물속으로 들어가라'고 하는 것은 앞뒤가 맞지 않는다는 것이죠."

"죽고 싶지 않다면 그렇게 해서는 안 되겠죠!"

웨스는 자신의 추측이 맞아떨어지자 소리 높여 말했다. 그리고 잠시 후 샴이 쇼에서 보여줬던 그 놀라운 점프가 생각나서 다시 물었다.

"이렇게 거대한 동물이 혼자 물 표면에서 3미터나 점프를 한다는 사실이 놀라울 뿐입니다. 어떻게 그런 멋진 쇼를 할 수 있게 만드는 겁니까?"

"하룻밤 사이에 이루어진 일은 아닙니다."

데이브가 말했다.

"샴은 우리에게 인내심을 가르쳐줬습니다."

"어떻게요?"

웨스가 놀라워하며 물었다.

"샴은 저든 다른 조련사든 그 어떤 사람이라도 신뢰할 수 있기 전에는 절대로 말을 듣지 않습니다. 샴과 함께 일하면서 저는 제 의도를 샴이 완전히 납득하기 전에는 어떤 훈련도 시킬 수 없다는 사실을 알았죠. 그래서 새로운 고래를 받아들일 때마다 일정 기간 동안

은 아무런 훈련도 시키지 않습니다. 신뢰가 생길 때까지 저희가 하는 일이란 그저 배가 고프지 않게 해주고 물속에 들어가 같이 노는 것뿐입니다."

"어떤 걸 납득하도록 만든다는 거죠?"

"우리가 그들을 해치지 않을 것이라는 점입니다."

"고래들에게 당신에 대한 신뢰가 생기기를 기다린다는 말이군요."

"맞습니다. 그것이 저희가 동물들과 일하면서 가장 큰 원칙으로 삼는 것입니다."

웨스는 노트와 펜을 꺼내 받아 적기 시작했다.

"기사를 쓰시는 건가요?"

데이브는 혹시 웨스가 기자가 아닐까 생각하며 물었다. 그러나 웨스가 어색한 웃음을 짓자 다시 물었다.

"아니면 연구를 하시는 건가요?"

"인간의 본성에 대한 연구라고 하면 될 것 같군요. 새로운 걸 배워서 저나 다른……."

데이브는 웨스의 말을 기다리면서 쳐다봤다. 웨스의 머뭇거리는 말투에서 데이브는 그가 사람을 잘 믿지 않는다는 느낌을 받았다. '그래서 조금 전과 같은 무례한 행동을 했던 거군.' 데이브는 웨스를 쳐다보며 생각했다.

잘한 일에 집중한다

한참 동안 머뭇거리던 웨스는 데이브의 눈을 피하면서 말했다.

"저는 애틀랜타에 살고 있고, 산업용 보급품을 만드는 대기업에서 근무하고 있습니다. 여기 플로리다에는 사업 회의를 핑계로 며칠 쉬려고 왔죠. 하지만 호텔에서 동료 매니저들과 함께 있다 보니 다시 돌아가서 해결되지 않은 문제들에 시달리기 싫다는 생각만 자꾸 들더군요."

데이브는 웨스의 말에 흥미를 갖기 시작했다.

"오랫동안 저는 직원들이 좋은 성과를 내도록 하는

일에 어려움을 겪어왔습니다."

웨스는 침통한 표정으로 말을 계속 이었다.

"집안일도 마찬가지였고요. 아이들에게 집안일을 도우라고 하거나, 학교 공부를 더 열심히 하라고 하는 것조차 쉬운 문제가 아니었죠. 그래서 절친한 친구에게 불평도 털어놓고 상의도 해봤는데, 그 친구가 아주 좋은 제안을 해주더군요. 직장과 집 모두에서 문제가 있으니까, 그 둘의 공통분모를 찾으면 되지 않겠느냐고요."

"그래서, 그게 뭐였죠?"

데이브가 물었다.

"그 친구는 '일이 잘 안 될 때마다 항상 누가 그 자리에 있었는지 생각해본 적이 있나?'라고 묻더군요."

두 사람은 갑자기 웃음을 터뜨렸다.

"제가 직장에서든 집에서든 효율적으로 문제를 처리하지 못한다는 사실은 저도 알고 있습니다."

웨스가 다시 심각한 표정으로 말했다.

"이런 상태가 계속된다면 직장을 잃을지도 모르죠. 그동안 사실, 나름대로 노력도 많이 해봤습니다만…… 지금은 자포자기 상태에 가깝습니다."

데이브는 웨스의 하소연하는 듯한 말투에서 그가 정말로 걱정하고 있음을 느꼈다.

"무대 뒤편을 좀 보여드리죠."

데이브는 손가락으로 무대 뒤편을 가리켰다.

"그러고 나서 당신의 문제에 대해 좀 더 얘기를 나누도록 하죠."

데이브는 문을 지나 몇 미터 떨어져 있는 훈련 장소로 웨스를 안내했다. 범고래 두 마리가 거대한 검은색 등과 지느러미로 투명하고 푸른 물살을 미끄러지듯 가르고 있었다. 그 큰 덩치에서 폭발적인 힘의 잠재력과 함께 차분한 분위기마저 느껴졌다.

풀장을 돌아보면서 조련사는 고래들의 이름을 하나하나 알려주고 그들에 관한 재미있는 일화들을 소개해주었다.

"고래 한 마리마다 신뢰와 우정을 쌓아나가는 데 오랜 시간이 걸리죠."

데이브가 나직하게 말했다.

"그런 신뢰와 우정이 아까 보셨던 쇼의 가장 기본적인 요소입니다. 고래는 인간과 그리 다르지 않습니다. 훈련시키는 방법이 마음에 들지 않으면 그걸 표현하죠. 당신은 관리자니까 사업에서 가장 중요한 것은 고객을 만족시키는 것이고, 그것의 핵심적인 요소는 바로 직원들을 만족시키는 것임을 잘 아실 겁니다. 범고래들이 우리를 두려워하지 않고 서로 어울리게 되면 범고래와 우리 사이의 관계가 돈독하다는 사실이 관객들에게도 전달되죠."

"정말 그래요!"

웨스가 조금 전에 있었던 쇼를 머릿속에 떠올리며 큰 소리로 말했다.

"그 쇼는 정말로 사람들을 행복하게 만들었어요. 스타디움을 나가는 사람들의 모습을 보면 알 수 있죠. 관중들의 반 정도가 물에 젖었는데도 그들의 얼굴에는 미소가 가득했죠."

"그 행복감은 범고래들에게서도 볼 수 있습니다."

데이브가 말했다.

"쇼가 시작될 때 범고래들은 다들 입구 쪽으로 몰려들죠. 그들은 쇼에 참여하고 싶은 겁니다. 범고래들은 쇼가 자신들에게 긍정적인 경험이 될 것이라는 사실을 잘 알고 있는 거죠."

"그렇군요. 그것이 바로 범고래 훈련에서의 원칙이었군요. 그런데 신뢰를 쌓기 위해 구체적으로 범고래에게 어떻게 해야 하는 거죠?"

"받아 적으세요."

데이브는 웃으면서 조바심을 내는 웨스에게 다음과 같이 말했다.

"긍정적인 면을 강조하세요."

"흠……."

웨스는 그 말을 듣고 골똘히 생각했다.

"옛날에 그런 가사의 노래가 있었던 것 같은데……."

그는 자신의 노트를 꺼내 다시 적기 시작했다.

"이렇게 쓰면 되죠? '신뢰를 쌓고 긍정적인 면을 강조한다.' 맞죠?"

"맞습니다. 저희는 부정적인 행동이 아닌 긍정적인 행동을 강조하죠. 조련사들은 범고래가 요구한 것을 잘해냈을 때 많은 관심과 주의를 기울입니다."

"그거 괜찮은 말인 것 같군요."

웨스는 배우는 기쁨에 목소리에 힘이 들어갔다.

"그런데 요구한 걸 잘하지 못하거나 잘못했을 때는 어떻게 하죠?"

"잘못한 일은 못 본 척하고 행동을 재빨리 다른 곳으로 유도하죠."

웨스는 쓰기를 멈추었다. 그리고 잘 이해되지 않는다는 표정으로 데이브를 쳐다보았다.

"못 본 척하다뇨? 정확하게 어떻게 한다는 겁니까?"

"그러니까……"

데이브가 말을 하려는데 갑자기 웨스가 끼어들었다.

"제 직원 중 한 명이 일을 망쳐놨는데도 그걸 다른 식으로 무마할 수는 없을 것 같군요. 또 우리 아이들 중 한 명이 숙제를 안 했거나 서로 싸우면 우리 부부는 그냥 못 본 척하고 넘어가지는 않아요."

데이브가 얼굴에 미소를 띠고 조용히 말을 이었다.

"직원이나 아이들이 당신을 거스르면 그 일에 대해 많은 주의를 기울이시는군요."

"당연하지 않나요?"

"아마도 직원이나 아이들에게 그렇게 하는 것이 마음에 들지 않는다고 말하고 나서 다시는 그러지 말라고 경고하겠죠?"

웨스는 데이브가 당연한 말을 하고 있다는 듯 큰 소리로 대답했다.

"그렇게 하는 것이 관리자로서, 그리고 부모로서 당연한 일 아닌가요?"

데이브는 웨스의 단호한 말투에 어깨를 으쓱했다.

"그럴 수 있습니다. 하지만 다시 한 번 생각해보세요. 그렇게 하는 것이 과연 집이나 직장에서 신뢰를 쌓는 데 좋은 방법이 될까요?"

웨스는 잠시 생각에 잠겼다. 자신의 생각이 너무 한 방향으로 고정된 듯도 했다.

"생각해보니 그렇지 않을 수도 있겠군요. 어쩌면 그렇게 하는 건 부정적인 행동을 강조하는 것일 수도 있겠죠."

데이브가 웨스의 말을 받았다.

"항상 염두에 두어야 할 것이 있어요. 어떤 행동에 대해서 주의를 기울일수록 그 행동이 계속 반복된다는 사실입니다. 저희는 그 사실을 범고래들에게 배웠죠. 범고래들도 잘못한 일 대신에 잘한 일에 관심을 가져주면 올바른 행동을 더 많이 하게 됩니다."

"그러니까 긍정적인 일에 초점을 맞추고 있다는 말씀이군요?"

"그렇습니다. 하지만 단순히 범고래들이 쇼를 잘하도록 하기 위해서 긍정적인 면을 강조하는 것은 아닙니다. 그렇게 하는 것은 그것이 옳은 일이기 때문이죠. 저희는 범고래들을 개별적으로 대합니다. 범고래들 모두 발전하고 일을 성취할 수 있는 무한한 가능성을 가지고 있기 때문입니다. 또한 우리를 친구로 받아들일 수 있도록 모든 노력을 기울이죠. 일단 우정이 형성되면 범고래와 우리 사이에 얼마만큼 신뢰가 쌓였는지 알아내기 위해 노력합니다. 그러기 위해서 우선 범고래의 행동양식을 연구하고 그에 맞게 범고래들이 힘들이지 않고도 쉽게 배울 수 있는 훈련을 시킵니다. 그때 훈련은 일종의 게임과 같은 것이죠."

웨스는 놀란 눈으로 데이브를 쳐다보았다.

"범고래가 대단한 지능이라도 가진 것처럼 말하고 있군요. 마치 범고래가 인간과 협동하고 친밀한 관계를 맺길 원하는 것처럼 말이죠."

"바로 맞혔습니다."

데이브가 당연하다는 듯 대답했다.

"하지만 인간들도 자신들이 해야 할 일을 해야 합니다. 그리고 동물을 교육하는 데 가장 나쁜 습관은 동물의 능력이 제한돼 있다는 고정관념이죠. 인간이 동물에 대해서 생각하고 기대하는 것들이 동물의 반응이나 무반응으로 바로 연결되기 때문입니다."

"제가 많이 알지는 못하지만 지금까지 그와 같은 생각을 동물에게 적용시켰다는 예는 들어본 적이 없어요."

웨스는 아직도 믿기지 않는 듯 데이브를 쳐다보며 말했다.

"그건 인간들이 동물들을 얕잡아보기 때문입니다."

데이브가 계속 설명했다.

"동물을 훈련시키는 전통적 접근 방식은 월등한 존재인 인간이 열등한 존재인 동물에게 자신이 원하는 것을 하도록 만드는 것이었죠. 하지만 동물들은 인간의 마음을 놀랍도록 정확하게 읽어낼 수 있어요. 그들은 인간과 마찬가지로 인간의 기대에 부응할 수 있습니다. 당신이 요구한 것을 동물들이 해냈을 때, 비록 그것이 한 번에 되었다고 해도 놀랄 필요는 없어요. 이 범고래들은 우리에게 항상 불가능한 것을 기대하도록 가르쳐주었습니다. 그 사실은 범고래보다 우리에게 더 많은 도움이 되었죠. 만일 동물에게서 아무런 반응이 없다면, 그것은 인간이 좀 더 교육을 받아야 한다는 의미이지 동물이 더 교육을 받아야 한다는 의미가 아닙니다."

상식을 넘어서는 데이브의 말에 웨스는 놀랐다.

"제 생각에 대부분의 사람들은 동물과의 관계뿐 아니라 인간관계에서도 당신이 설명해준 그런 이해와 존경을 사용하지 않는 것 같군요."

웨스가 자신의 행동을 되돌아보며 말했다.

"저도 지금까지 그래 본 적이 한 번도 없어요. 이 범고래들은 정말로 놀라운 일을 해내고 있군요. 제가 만일 상대에 대해 존경을 표하는 이 사려 깊은 방식을 주변 사람들에게 적용하기만 한다면 관리자로서뿐 아니라 남편과 아버지로서도 아주 놀랄 만한 전환점을 만들 수 있겠다는 생각이 듭니다. 물론 굉장히 어려운 일이 되겠지만요."

"바로 그거예요!"

웨스의 동의에 데이브가 큰 소리로 말했다. 웨스는 노트에 뭔가를 좀 더 적더니 데이브를 보면서 다시 궁금한 점을 말했다.

"그런데 긍정적인 면에 초점을 맞추는 것이 중요한 건 알겠는데, 잘못된 행동에 대해서 못 본 척하라는 말은 잘 이해되지 않는군요."

데이브는 웨스의 의문이 당연하다는 듯 고개를 끄덕였다.

"원치 않는 행동을 못 본 척하라는 것은 아무것도 하지 말라는 뜻이 아닙니다. '전환'이라는 의미를 놓치신 것 같군요."

"맞아요, 전환!"

웨스는 중얼거리면서 또다시 받아 적었다.

"그것에 대해 좀 더 말해주세요."

"그건 에너지 관리에 관한 문제입니다."

데이브가 다시 설명하기 시작했다.

"그건 우리의 관심을 조절하는 것에서부터 시작됩니다. 그에 대해서는 강력한 규칙이 있는데 꼭 기억하세요. '잘못된 행동을 유발하지 않도록 하기 위해서는 그 행동에 많은 시간을 허비하지 않는다.' 대신 우리는 잘못된 행동에 쓰일 에너지를 다른 곳으로 전환시켜야 합니다."

"에너지를 전환시킨다……."

웨스는 데이브의 말을 받아 적으면서 중얼거렸다.

"그런데 어떻게 전환시키죠?"

"상황에 따라 다릅니다. 만일 우리가 범고래에게 쇼에서 없어서는 안 될 행동을 요구하는 경우에는 시간을 두고 원래 의도했던 행동을 범고래가 잘할 수 있도록 기회를 다시 주면 됩니다. 그 외의 경우라면 범고래가 좋아하고 잘할 수 있는 다른 방향으로 전환하도록 하면 되죠. 두 가지 경우 모두 우리는 범고래가 에너지를 전환하면서 잘해나가는지 살펴보아야 합니다. 만약 잘한다면 계속 긍정적인 것을 강조하고 그에 따른 상을 주면 됩니다."

"그때의 상이란 먹을 것을 말하는 건가요?"

"음식도 물론 상이 될 수 있습니다."

데이브는 웨스의 추측에 동의했지만, 이어 그 추측이 어긋날 수 있음을 설명했다.

"하지만 우리는 범고래가 좋아하는 뭔가 다른 것을 찾아내려 노력합니다. 제가 샴과 일을 하기 전에 샴은 계속해서 음식을 통해 행동을 지도받았습니다. 그런데 그렇게 하면 문제가 생깁니다. '해야 할 일을 해냈을 때마다 생선을 준다.' 이 과정에서 뭔가 부작용이 생길 것 같지 않습니까?"

웨스는 잠시 생각한 다음 대답했다.

"원하는 일을 샴에게 시킬 수 있는 경우란 배고플 때뿐이라는 건가요? 그렇게 된다면 항상 샴을 배고프게 만들어야겠군요!"

"바로 그렇습니다. 그런데 범고래를 배고프게 만드는 것은 범고래나 조련사에게 좋지 않은 결과를 낳게 되죠."

데이브는 미소를 지었다.

"그래서 우리는 머리를 쓰다듬어주는 것과 같은 행동을 통해 범고래가 다른 긍정적인 것에도 익숙해지도록 만들어야 합니다. 범고래들은 만지고 쓰다듬어주는 것을 좋아하죠. 우리는 범고래들이 자신들을 동기화시키는 데 체벌을 사용하지 않는다는 사실을 명확하게 알고, 음식 이외의 다른 상에 익숙해지길 바라는 것이죠."

"포상을 다양화한다…… 그럴듯하게 들리는군요."

웨스는 자신이 적은 것을 보며 말했다.

"그 생각을 제가 처한 상황에 적용시켜보면, 범고래에게 '음식'이란 인간에게 있어서 '돈'과 같다는 생각이 드는군요. 돈은 단지 기본적으로 제공되는 것이죠. 만일 제가 당신의 방법을 사용해서 직원들의 업무 수행에 영향을 미치려고 한다면 돈 이외의 다른 동기물을 찾아야겠군요. 하지만 구체적으로 어떤 동기물이 있을지는 잘 모르겠어요. 어쩌면 당신과 샴이 제게 해답을 찾아줄 수 있을 거란 생각이 드는군요."

데이브는 웨스의 무례함 뒤에 숨어 있던 순수하고 호감 가는 태도에 미소를 지었다. 그는 갑자기 사무실 건물 쪽으로 걸어가더니 열린 창문 안으로 손을 뻗어 휴대전화를 꺼내 왔다. 그리고 전화를 걸면서 웨스에게 양해를 구했다.

"잠시만요. 전화를 할 곳이 생겼습니다."

벌을 주지 말고 시간을 주어야 한다

갑작스럽게 대화를 중단하고 전화를 거는 데이브의 행동에 웨스는 당황했다. 웨스는 데이브를 방해하지 않으려고 몇 걸음 물러났지만 그의 얼굴은 무표정하게 굳어지기 시작했다. '내가 어리석었어. 어떻게 고래 몇 마리에게서 인간관계에 대한 해답을 기대할 수 있겠어.' 웨스는 속으로 생각하며 시계를 쳐다봤다. 서두른다면 점심 미팅에 맞춰 호텔로 돌아갈 수 있을 것 같았다. 데이브는 전화 통화를 하고 있었다.

"앤 마리 씨죠? 안녕하세요. 저는 씨월드의 데이브 야들리입니다. 잘 지내셨어요?"

잠시 침묵이 흐르고 데이브가 다시 말했다.

"앤, 여기 당신과 통화하고 싶어 하는 분이 있어요……. 네, 지금 바로 옆에 있어요. 웨스 킹슬리라는 분인데 범고래를 훈련시키는 방법에 흥미를 갖고 그 이론과 기술을 인간관계에 접목시킬 수 있을지에 대해 알고 싶어 해요. 특히 직장 내의 인간관계에 적용시키는 데 흥미를 갖고 있습니다."

상대방이 말을 하는지 데이브는 잠시 듣고 있다가 다시 말을 이었다.

"놀랍죠? 애틀랜타에서 여기까지 오셨대요. 바꿔드릴까요?"

데이브가 웨스에게 다가가 전화기를 건네주려고 하자 웨스는 약간 당황했다.

"죄송합니다, 웨스 씨."

데이브가 멈칫하는 웨스에게 양해를 구했다.

"얘기를 듣다가 갑자기 제 친구에게 도움을 받을 수 있을 거란 생각이 들었어요. 앤 마리 버틀러라고 하는데 아마 그 이름을 들어본 적이 있을 겁니다. 비즈니스 컨설턴트로 유명하죠. 책도 집필했고 전 세계에서 리더십과 동기화에 관한 비즈니스 세미나를 열고 있습니다. 그녀의 집도 애틀랜타에 있죠."

웨스는 불쾌했던 마음이 풀어지면서 잠깐 동안 혼란스러웠다. 앤 마리 버틀러라는 이름은 그도 들어본 적이 있었다. 업계에서 가장 명망이 높은 컨설턴트였다. 경영대학원을 졸업하고 의류 사업에 뛰어들었던 그녀는 몇 년 만에 세계적인 패션 제품을 만들어냈다. 최고의 직원을 채용하고 유지하는 그녀의 탁월한 능력은 거의 전설이 되었고, 그로 인해 비즈니스 컨설턴트직을 제의받았다. 또 베스트셀러를 펴냄과 동시에 인간관계에 관한 강연으로 이름을 날리기 시작했다. 웨스도 서점에서 그녀의 책을 몇 권 살펴보기는 했다. 하지만 끝까지 다 읽어보지는 않았다. 앤 마리 버틀러에 대한 여러 가지 기억을 떠올리며 웨스는 데이브가 건네주는 전화기를 손에 들었다.

"안녕하세요."

"안녕하세요, 웨스 씨."

친근감 있는 목소리가 들려왔다.

"저는 앤 마리 버틀러입니다. 데이브와는 몇 년간 알고 지내는 사이죠. 이렇게 얘기하게 되어 정말 반갑군요. 제가 도와드릴 것이 있나요?"

"글쎄요…… 어…….''

웨스는 갑작스런 앤 마리의 질문에 더듬거렸다.

"저는 지금 데이브와 동물에 대한 훈련 방법을 관리자의 업무에 어떻게 연계시킬 수 있는지에 대해 얘기하고 있었습니다."

앤 마리의 작은 웃음소리가 들려왔다.

"지금 웨스 씨께서 나누고 있는 대화를 저 또한 불과 몇 년 전에 나누었어요."

그녀가 차분한 목소리로 말했다.

"당시 저는 범고래들이 연기하는 걸 보면서 '세상에, 어떻게 저렇게 할 수 있을까' 하고 놀라워했죠. 컨설턴트로서 사람들이 최선을 다하게끔 할 수 있는 방법에 대해 항상 고민하고 있었기 때문이에요. 데이브와 씨월드의 다른 조련사들을 알게 됐을 때 저는 정말 그들을 하늘이 내려준 선물이라고 생각했어요. 그리고 그들의 동물 훈련에 관한 비밀을 알게 된 후 그 비밀을 저의 강연과 책에 담기 시작했죠. 더 좋았던 것은 그 비밀을 제 자신의 인간관계에도 적용할 수 있다는 것이었죠."

웨스는 자신이 꼭 있어야 할 장소에, 그것도 적절한 시간에 와 있다는 사실이 무척 놀라웠다. 앤 마리가 해주는 말들은 조금 전 자신이 했던 기도에 대한 응답 같았다. 웨스는 지금의 대화가 정말 꿈만 같았다.

"지금 하신 말씀과 관련된 책이 있다면 추천해주실 수 있을까요?"

"그보다는 함께 자리를 갖는 것이 어떨까요?"

앤 마리가 되물었다.

"애틀랜타로 언제 돌아오시죠?"

"금요일입니다."

"좋아요. 마침 시내에 있는 힐튼 호텔에서 월요일 아침에 강연이 있어요. 거기에 참석하시는 건 어떤가요? 강연 후에 얘기할 자리를 마련할 수 있을 거예요."

"정말입니까? 저로서는 대단한 영광입니다!"

웨스는 기쁨에 겨워 큰 소리로 말했다.

"정말 고맙습니다."

웨스는 다시 한 번 앤 마리에게 감사의 뜻을 전하고 데이브에게 전화기를 건네주었다. 데이브가 앤 마리와 인사를 나누고 전화를 끊자 흥분이 가라앉지 않은 상태로 웨스가 말했다.

"정말 믿을 수가 없어요. 앤 마리 버틀러와 만나게 되다니. 데이브 씨, 정말 고맙습니다."

"천만에요."

데이브도 기분 좋게 대답했고 둘은 기쁨의 악수를 나눴다. 웨스는 다시 자신의 노트를 뒤적이며 적은 것을 재빨리 훑어본 후 말을 꺼냈다.

"헤어지기 전에 당신이 오늘 말했던 것에 대한 핵심 사항을 요약해봐도 될까요?"

"그렇게 하시죠."

웨스는 데이브에게 세 문장을 읽어주었다.

- 신뢰를 쌓는다.
- 긍정적인 면을 강조한다.
- 실수할 때에는 에너지를 전환시킨다.

"그 세 문장에서 많은 것을 얻을 수 있을 겁니다, 웨스 씨."

데이브가 미소를 지으며 말했다.

"범고래 쇼에서 보셨던 모든 것을 가능케 하는 것은 범고래와 우리의 긍정적인 관계라는 것을 항상 명심하세요."

"절대 잊지 않겠습니다."

웨스는 확신에 찬 목소리로 말했다.

"그런데 당신은 범고래에게 절대로 벌을 안 주나요?"

"벌이라고 부를 만한 것이 있는데, 범고래들의 기분이 좋지 않을 때 이용합니다. 범고래들도 사람과 마찬가지로 기분 나쁜 날이 있어요. 그런 날에는 저희 말을 들으려 하지 않습니다. 만약 샴의 기분이 좋지 않아 쇼가 잘 진행되지 않으면 쇼를 중단하고 샴에게 혼자만의 시간이 필요하다고 관중들에게 양해를 구합니다. 그러고 나서 다른 범고래로 대체하고 샴은 풀장에 혼자 놔둡니다. 샴은 평소와 마찬가지로 보살핌을 받고 먹이도 충분히 먹게 되지만 쇼에는 나가지 못하는 겁니다."

"그게 어떻게 벌이 될 수 있죠?"

웨스가 이상하다는 듯 물었다.

"샴은 그렇게 혼자가 되는 것을 싫어하기 때문입니다. 여기에 있는 범고래들은 쇼를 좋아해요. 우리가 범고래들에게 긍정적인 면을 강조할수록 범고래들은 우리를 더욱 신뢰하게 되고 쇼에서의 연기력은 점점 나아집니다. 그런데 혼자 있게 되면 그렇게 할 기회가 사라지는 거죠."

"정말 이야기를 들을수록 제가 이곳에 오게 된 게 신기하게만 느껴지는군요."

웨스는 데이브의 설명을 듣고 약간 멍한 표정으로 말했다.

"신기하다뇨?"

데이브가 물었다.

"사실 제가 여기 씨월드에 온 이유는 일에 대해서 생각하기 싫었기 때문이거든요. 그런데 역설적이게도 이곳에 와서 관리자가 갖춰야 할 덕목에 대해 배우고 있으니까요."

"이상한 점으로 말하자면 지금 우리가 나누고 있는 대화가 모두 범고래와 함께하는 일과 관련돼 있다는 것이겠죠."

데이브가 웃으며 말했다.

제2장

인간관계 전문가 앤 마리의 강연

You are excellent

무관심은 최대의 적

 월요일 아침, 웨스 킹슬리는 앤 마리 버틀러가 강연하기로 되어 있는 시내의 호텔로 가고 있었다. 주차 요원에게 차를 맡기고 호텔로 들어가자 기대에 가득 차 있는 수많은 사람들이 보였다. 그는 안내 데스크에서 이름표를 받아 강연장 뒤쪽에 자리를 잡았다. 실내가 사람들로 가득 차자 사회자가 연단 위로 올라가 사람들에게 환영 인사를 하기 시작했다.

 "앤 마리 버틀러 씨의 책을 읽어보셨거나 강연을 들어본 분이라면 이 자리가 아주 귀한 자리이고 '긍정적인 면을 강조하는 자리'라는 걸 잘 아실 겁니다. 자,

오늘날 사업계에서 가장 확신에 찬 목소리를 가지고 있는 앤 마리 버틀러 씨를 모시도록 하겠습니다. 환영해주십시오."

매력적인 금발머리의 중년 여성이 연단으로 나오자 우레와 같은 박수가 터져나왔다. 박수소리가 잦아들자 앤 마리가 말을 꺼냈다.

"강연을 시작하기에 앞서 먼저 여러분께 한 가지 질문을 드리겠습니다. 집이나 직장에서 다른 사람들로부터 보고를 받으시는 분은 손을 들어주세요."

대부분의 사람들이 웃으면서 손을 들었다. 앤 마리는 사람들을 향해 윙크를 했다.

"그런데 제 생각에 손을 드신 분들 중에 가정에서는 본인을 관리자로 생각하지 않으시는 분이 많은 것 같은데, 그렇지 않나요?"

사람들은 앤 마리의 말에 수긍하면서 웅성거렸다.

"우리는 모두 인생에서 몇 가지 다른 종류의 인간 경영을 하게 됩니다."

앤 마리는 본론으로 들어갔다.

"오늘 할 이야기의 주제는 다른 사람을 동기화시키는 방법입니다. 잘 아시겠지만 이것은 리더로서 여러분이 수행해야 할 일입니다. 그래서 저는 지금 이 시간부터 사람들을 동기화시키는 방법을 여러분과 공유하려고 합니다. 제가 드리려는 말씀은 지금까지 제가 들어본 것들 중에서 가장 강력한 진리입니다. 그 방법은 간단하지만 중요한 의미를 갖고 있습니다. 또 바로 지금 이 자리에서 실천할 수 있을 정도로 여러분 가까이에 있는 것이기도 합니다. 여러분은 이 자리를 뜨는 그 순간부터 사람들과의 관계를 전혀 다른 방식으로 생각하게 될 것입니다. 그 방식을 통해 여러분은 다른 사람들과 긍정적인 관계를 형성할 수 있고, 사람들의 에너지를 증가시킬 수도 있으며, 직장에서는 업무 성과를 향상시킬 수 있을 겁니다. 가정에 적용한다면 더 나은 부모가 되는 데 큰 도움이 될 겁니다. 제가 말하려는 것의 요점은 간단히 말해 '우리가 어떤 것에 초점을 맞추느냐'와 관련됩니다. 관리자로서, 팀의 리더로서, 그리고 부모로서 우리에게 필요한 것은 함께하는 사람들의 밝고, 훌륭하고, 멋진 부분에 초점을 맞추는 것입니다. 자, 그것이 어떤 것인지 보여드리겠습니다. 여러분 모두 자리에서 일어나주시겠습니까?"

사람들이 모두 일어나자 앤 마리가 말을 이었다.

"지금부터 여러분에게 두 가지 임무를 드리겠습니다. 우선 지금부터 1분 동안 여러분 곁에 있는 사람들에게 인사를 건네세요. 조건은 자신이 인사하는 사람을 자신에게 그다지 중요하지 않은 사람으로 생각해야 한다는 겁니다. 여러분은 지금 곁에 있는 사람보다 좀 더 중요한 사람을 만나기 위해 그 자리에 있는 거죠."

참석자들은 서로 인사하고 악수하느라 웅성거렸지만 대부분 낮은 목소리로 눈도 마주치지 않았다. 1분이 지나자 다시 앤 마리가 큰 소리로 말했다.

"좋습니다. 이제 됐습니다. 자, 이번에는 곁에 있는 모든 사람들을 1분 동안 맞이하는데 오랫동안 연락이 안 됐던 친한 친구를 만난 것처럼 맞이해주세요."

그 말이 떨어지자마자 강연장은 사람들의 움직임과 목소리로 활기가 가득 찼다. 사람들은 따뜻한 미소를 짓고 악수하는 손을 흔들어대기도 하고 서로의 등을 두드려주기도 했다.

1분이 지나 앤 마리가 말을 하려고 했지만 너무 소란스러워서 말을 꺼낼 수가 없었다. 앤 마리가 '자, 앉아주세요'라고 큰 소리로 말했지만 강연장은 여전히 서로 인사를 하고 얘기를 나누느라 시끄러웠다. 사람들은 앤 마리의 말에 아랑곳하지 않은 채 즐겁게 인사를 나누고 있었다.

마침내 흥분된 상태가 가라앉고 사람들이 모두 자리에 앉자 앤 마리가 관중들에게 물었다.

"이제, 제가 왜 여러분에게 이런 인사를 하도록 했는지 생각해보시기 바랍니다."

사람들은 우리도 그것이 궁금하다는 듯한 표정이었다.

"제가 두 가지 요구를 한 것은 여러분에게 에너지에 관한 것을 알려드리고자 했기 때문입니다."

앤 마리는 차분한 목소리로 말을 이었다.

"저는 사람들을 동기화시키고 훌륭한 조직이나 매장을 만들기 위해서는 사람들의 에너지를 관리하는 방법에 대해 알아야 한다고 확신합니다. 제가 여러분에게 하도록 했던 행동 두 가지 중 어떤 것이 더 많은 에너지를 발생시켰습니까?"

"두 번째요!"

사람들이 큰 목소리로 대답했다.

"맞습니다. 그런데 제가 이 강연장의 에너지를 어떻게 증가시켰습니까? 제가 여러분에게 부탁한 것은 단지 여러분의 초점을 변화시키라는 것뿐이었습니다. 처음 여러분은 곁에 있는 사람들을 중요하지 않은 사람들로 생각했고 그것은 부정적인 것에 초점을 맞춘 것입니다. 그 다음 여러분은 곁에 있는 사람을 오랫동안 연락이 되지 않았던 친한 친구로 생각했고 그것은 긍정적인 것에 초점을 맞춘 것입니다. 초점을 변화시키는 것은 지금 여러분이 경험했듯 여러분의 에너지를 크게 변화시킵니다."

앤 마리 버틀러가 물을 마시기 위해 잠시 말을 끊었을 때 청중들은 들뜬 기분으로 웅성거리기 시작했다. 강연의 시작이 성공적이었음을 보여주는 장면이었다. 청중들 모두 열의를 보였으며 동기화될 준비가 돼 있는 듯했다. 앤 마리가 계속 말을 이었다.

"여러분 중에서 씨월드 아쿠아리움에서 펼쳐지는 범고래 쇼를 보신 분이 있다면 손을 들어보세요."

강연장에 있는 대부분의 사람들이 손을 들었다. 앤 마리는 다시 주제를 이어갔다.

"올랜도에 있는 씨월드의 데이브 야들리, 그리고 그의 동료 조련사들과 친분을 맺게 된 후 저는 3톤이 넘는 범고래가 그렇게 놀라운 연기를 할 수 있도록 해주는 경이적인 성공 비법에 매혹되었습니다. 여기서 여러분은 의문이 생길지도 모릅니다. '도대체 범고래 훈련이 직원과 가족들의 동기화에 어떤 관련이 있다는 건가?' 하고 말입니다. 그 답은 바로 이겁니다. '모든 면에서 관련이 있다.' 조련사들이 그 거대한 동물들을 훈련시켜 쇼를 잘하게 하는 방법은 인간에 대한 훈련 방법보다 나았으면 나았지 결코 못하지 않습니다. 그건 인간의 경우 서로 원활한 의사소통이 가능하지만 인간과 동물 사이는 그렇지 못하기 때문입니다. 오늘 제가 여러분께 그 비법을 알려드리면 여러분께서는 그 비법을 자신이 관리하고 있는 사람들에게 적용시켜보시기 바랍니다. 우선, 업무 수행의 ABC라는 것을 알려드리겠습니다."

연단 뒤의 거대한 스크린에 슬라이드가 비춰졌다.

고래 반응의 예

- A=Activator(활력소) : 업무가 수행되도록 만드는 모든 것
- B=Behavior(행동) : 업무 수행
- C=Consequence(결과 반응) : 업무 수행의 결과에 대한 반응

"우선, A가 상징하는 활력소에 관해서 알아보도록 하죠."

앤 마리가 설명하기 시작했다.

"활력소란 '내가 원하는 업무나 행동이 일어나도록 만드는 것'입니다. 씨월드의 조련사는 동물들이 쇼에서 자신의 역할을 수행하도록 하기 위해 수신호를 보내거나 손으로 물을 치거나 호루라기를 부는 등 신호를 사용합니다. 사람들에 대한 활력소는 지시, 교육, 혹은 고함 소리가 될 수 있습니다. 가장 일반적인 활력소는 목표입니다. 조직을 진단할 때 저는 가끔 경영자나 임원들에게 직원들의 목표가 무엇이냐고 물어봅니다. 그리고 나서 직원들에게도 자신의 목표가 무엇이냐고 물어보죠. 이 두 가지 목표를 맞춰보면 거의 대부분 일치하지 않습니다. 가끔은 전혀 다를 때도 있습니다. 그러한 결과가 의미하는 바는 직원들이 자신의 상사로부터 자신이 생각지도 못한 일과 관련하여 질책을 받고 있다는 것입니다. 그러한 방식은 관리를 하는 입장이나 관리를 받는 입장 모두에게 비효율적이라는 사실을 쉽게 아실 수 있을 겁니다."

잠시 뜸을 들인 후 앤 마리가 말을 이었다.

"좋은 업무 성과는 명확한 목표에서 출발합니다. 만일 경영자나 관리자들이 직원들과 마주 앉아 서로가 공감하고 확실하게 달성할 수 있는 목표를 제시하지 못한다면 직원들은 회사에서 원하는 일이나 성과와 관련된 아무런 의견도 없이 자리를 떠나게 될 것입니다. 그리고 만일 직원들이 자신이 해야 할 일이 무엇인지 모르게 된다면 관리자가 어떤 일을 해도 소용이 없게 됩니다. 『이상한 나라의 앨리스』에 나오는 앨리스조차도 그것을 배워 알고 있습니다. 앨리스는 갈림길에서 나무 위에 앉아 있는 체셔 고양이를 발견하자 그 고양이에게 '어느 길로 가야 할까?'라고 물었습니다. 그러자 고양이는 '어디로 갈 건데?'라고 되물었죠. '모르겠어'라고 앨리스가 대답하자 체셔 고양이는 '그렇다면 어느 길로 가든 상관없어'라고 대답했죠. ABC 가운데 업무를 수행하는 데 있어 방아쇠 역할을 해주는 A, 즉 활력소는 그것이 어떤 것이든 이처럼 중요한 것입니다."

청중들은 점점 앤 마리에 강연에 빠져들고 있었다.

"물론 이것이 전부는 아닙니다. 명확한 목표를 설정함으로써 당신이 원하는 업무와 관련하여 직원들을 동기화시킨 후에는 구체적인 업무 수행과 업무에 대한 태도가 나타납니다. 이것이 B, 즉 행동이라 할 수 있습니다. 범고래 쇼에서는 범고래가 공중으로 점프하는 것, 조련사를 태우고 풀장을 도는 것, 관중들에게 꼬리로 물을 끼얹는 것, 인사를 하는 것 등이 업무 수행입니다. 직장에서는 고객에게 실질적인 도움을 주는 것, 판매 목표량을 맞추는 것, 혹은 보고서를 제때 올리는 것 등이 될 수 있습니다. 가정에서는 어린아이들이 자신의 방을 치우거나 숙제를 하는 것 등이 되겠죠. A단계 이후, 즉 활력의 단계 이후에 즉각적으로 나타나는 행동에 대해 관찰하지 않는 관리자가 많습니다. 심지어는 관리자들이 요구했던 바로 그 업무 활동이 이루어지고 있는데도 말이죠. 많은 관리자들이 일단 목표를 설정하고 그에 필요한 훈련을 시키고 난 후 사라져버리고 맙니다. 그렇게 되면 관리 업무에서 가장 중요한 단계인 세 번째 단계에서 유리한 입장에 설 수 없게 됩니다. C, 즉 결과 반응은 원하는 행동이 수행된 이후에 해야 할 것입니다. 하지만 C단계로 넘어가기 전에 아주 중요한 질문 한 가지를 하겠습니다. 여러분이 직장에서 일을 제대로 처리했을 때 대체적으로 어떤 반응을 얻을 수 있습니까?"

청중들은 이 질문에 대해서 생각해봤다. 그리고 미소를 짓기 시작하더니 마침내 웃음을 터뜨렸다. 그들 중 어떤 사람이 사람들의 생각을 대변이라도 하듯 큰 소리로 대답했다.

"아무런 반응도 없습니다! 누구도 아무 말을 하지 않는 거죠!"

"바로 맞히셨습니다."

앤 마리도 미소를 지으며 동의했다.

"사람들의 업무 활동에 대한 대부분의 반응은 역설적이게도 '무반응'이라는 것입니다. 그렇다면 언제 업무에 대해 주목이나 논평을 해주죠?"

청중 모두는 이 질문에 대한 답을 알고 있다는 듯 서로의 얼굴을 쳐다보며 미소 지었다.

"제가 지금까지 만났던 사람들에게 '자신이 일을 잘해내고 있다는 사실을 언제 알 수 있냐?'고 물어보면, 가장 흔한 대답은 '제 상사가 저를 나무라지 않을 때죠'라고 대답합니다. 다시 말해서 무소식이 희소식인 거죠. 다음 슬라이드를 주목해주세요."

슬라이드에는 업무 수행의 요소가 차례로 나타났다.

"자, 어디에 강조점이 있는지 아시겠습니까?"

앤 마리가 슬라이드를 가리키며 물었다.

"이 슬라이드는 바로 세 가지 단계를 나타내고 있습니다. A는 직

활력소(Activator)

행동(Behavior)

결과 반응(Consequence)

원의 행동을 활성화시키기 전에 관리자가 해야 할 일, B는 A의 결과로 직원이 하는 것, 그리고 C는 그 이후 즉각적으로 해야 할 일을 뜻합니다. C는 업무 수행에 있어 단연 가장 중요한 요소로 업무 전체에 막대한 영향을 미치게 됩니다. 그럼에도 불구하고 우리 모두 알고 있듯 업무를 잘 수행해냈을 때 남는 것은 '혼자 버려진다'는 것입니다."

과정을 칭찬한다

청중들은 앤 마리의 차분하지만 힘 있는 말에 점점 빨려 들어가고 있었다.

"그런데 사람들이 일을 수행했을 때 무반응 이외에 세 가지 반응이 더 있습니다."

새로운 이미지가 스크린에 나타났다.

4가지 결과 반응 유형	
❶ 무반응	❷ 부정적 반응
❸ 전환 반응	❹ 긍정적 반응

"우리는 이미 처음의 두 가지 반응에 대해 살펴보았습니다. 가장 일반적인 것은 물론 첫 번째인 무반응이죠. 사람들은 무시당하는 데 너무나도 익숙해져 있어서 무반응이 직장의 일반적인 분위기라고 생각하죠. 그래서 사람들이 정말로 주의를 기울이는 반응은 '부정적 반응'입니다. 대부분의 사람들은 '놔뒀다 공격하기'라는 관리 방법에 길들여져 있죠. 직원들은 일을 망치기 전까지 상사로부터 어떠한 말도 듣지 못합니다. 즉 처음에는 무반응으로 있다가 그 다음에 '부정적인 반응'이 나오는 것입니다. 가만히 놔뒀다가 일이 잘못되면 공격하는 것이죠. 부정적 반응은 화난 표정, 비난, 혹은 일종의 벌이라는 형태로 나타나게 됩니다."

앤 마리의 설명에 사람들은 고개를 끄덕였다.

"이 목록에 있는 나머지 두 개의 반응인 전환 반응과 '긍정적 반응'은 별로 사용되고 있지는 않지만 실제로는 가장 강력한 영향력을 갖는 것입니다. 우선 전환 반응에 대해 설명해보죠. 사람들은 저에게 '잘못된 일이나 부정적인 행동을 그냥 지나칠 수는 없는 일 아닙니까?'라고 말합니다. 물론 저도 그 말에 동의합니다. 그런데 정작 중요한 '그 잘못된 행동에 대해 어떤 식으로 반응할 것인가'에 대해서는 전혀 고민하지 않는 사람이 많습니다. 제가 범고래 조련사들로부터 배운 것은 만일 범고래들이 뭔가 잘못된 행동을 할 경우 조련사들은 범고래들이 잘못된 행동에 허비하는 에너지를 전환시켜 제대로 된 행동이나 다른 행동으로 그 주의를 돌린다는 사실이었습니다. 전환 반응은 원하지 않는 행동을 다루는 가장 효과적인 방식입니다. 씨월드에 있는 제 친구인 데이브 야들리는 고래들의 부적절한 행동에 대해서 주의를 기울이지 않는다고 말하더군요. 대신 그들의 주의를 재빨리 다른 임무로 전환시키고 전환된 임무를 잘 수행해내는지 주의 깊게 살펴본다는 것입니다."

잠시 뜸을 들인 후 앤 마리는 다시 말을 이었다.

"자, 그러면 사람들에게는 어떻게 전환 반응을 해야 할까요? 그 방법을 설명하기에 앞서 우선 전환 반응이라는 방법이 수없이 많은 사기 저하의 상황을 타개할 수 있는 가장 좋은 방법이란 걸 말씀드리고 싶습니다. 사람들에게 부정적인 반응을 하고 싶어질 때 부정적 반응 대신 전환 반응 방식을 사용한다면 새로운 변화가 생기게 됩니다. 전환 반응 방식은 사람들을 다시 본궤도로 돌아가게 하는 동시에 궤도에서 벗어난 행동에 주의를 기울이지 않게 함으로써 신뢰와 존경을 지속시켜줍니다. 이는 영향력이 아주 강한 방식이라고 할 수 있죠."

앤 마리가 계속 얘기를 하고 있는 동안 웨스 킹슬리는 하나의 기억을 떠올리고 있었다. 그가 베닝이라는 회사에서 일할 때 만났던 최고 상사인 마이크 탈마지가 떠올랐던 것이다. 마이크가 그를 고용한 뒤부터 웨스는 그가 자신을 도와주고 있다는 것을 느낄 수 있었다. 웨스를 전폭적으로 지지하는 듯한 마이크의 행동은 웨스에게 성공에 대한 열망을 더욱 강하게 심어주었고, 그 결과 웨스는 자신의 일에 모든 열정을 바쳤다.

어느 날 마이크의 사무실로 불려갔던 날이 떠올랐다. 그가 사무실로 들어갔을 때 마이크는 책상 앞에 놓인 서류 더미를 찬찬히 살펴보고 있었다. 마이크는 심각한 표정으로 고개를 들었다.

"앉게나, 웨스."

마이크가 웨스를 보며 말했다.

"같이 상의할 일이 좀 있네."

"네."

웨스는 대답을 하고 마이크의 태도를 심상찮게 여기며 의자에 앉았다.

"이건 지난 몇 달 동안 자네의 판매 보고서일세."

마이크가 본론으로 들어갔다.

"이걸 보면 자네는 처음에 해럴슨 공장 사람들을 방문했던 걸로 되어 있는데, 맞나?"

웨스는 고개를 끄덕였다.

"그런데 자네는 샤우나 디트리치가 몇 년 동안 해럴슨을 관리해 왔다는 사실에 대해서 알고 있었나?"

"세상에…… 전혀 모르고 있었습니다."

웨스는 당황해서 손으로 살짝 이마를 쳤다.

"그랬군. 그래서 변화를 눈치채지 못했던 거군……."

마이크는 웃으면서 의자에 등을 기댔다.

"이 일에 대해서 논의를 좀 했네. 이건 전적으로 내 잘못이야. 어느 지역이 누구에 의해서 관리되고 있는지 알아볼 수 있는 방법을 자세히 알려주지 않아서 자네가 업무 변화에 대응하지 못했던 거야."

마이크는 컴퓨터 모니터를 웨스 쪽으로 돌려서 그가 볼 수 있도록 해주었다.

"의자를 가지고 모니터 쪽으로 오게나. 어느 지역이 누구에 의해 관리되는지 빨리 찾아볼 수 있는 방법을 알려주겠네."

웨스는 갑자기 안도감이 밀려오는 것을 느꼈다. 상사가 잘못된 일에 대한 책임을 전적으로 자기 자신에게 돌리는 모습을 보면서 마음이 안정되었다. 더 이상 아무런 두려움 없이 웨스는 몸을 앞으로 숙이고 마이크의 설명을 열심히 들었다. 웨스의 머릿속에서는 그 미팅에 대한 모든 것이 생생하게 떠올랐다.

'마이크는 내가 저지른 실수에 대해 아무런 책망도 하지 않았어······. 또 그는 자신이 모든 책임을 지고 내가 압박을 느끼지 않도록 해주고 내가 마음을 열고 배워나가도록 만들어줬지······. 그는 징계에 관해서는 언급조차 하지 않았고, 내가 망쳐버린 일들을 하나하나 자세히 알려주었어. 뿐만 아니라 잘못된 일들을 어떻게 처리했어야 하는지에 대해서도 자세하고 친절하게 설명해줬지. 그리고 모든 설명이 끝나자 그는 나에 대한 신뢰와 확신을 말해줬어······. 그의 사무실에서 나왔을 때, 나는 완전히 예전의 나로 돌아와 있었고, 그와 회사를 위해서 더욱 열심히 일해야겠다는 생각을

더 많이 하게 됐지…….'

웨스는 자신이 마음속으로 완벽한 '전환 반응' 시나리오를 그려냈다는 사실을 느꼈다. 전환 반응이 가져올 효과에 대한 증거는 마이크가 자신을 대했던 태도로 인해 생겨난 자신의 새로운 에너지와 헌신이었다. 그 일이 있은 지 몇 달 후 웨스는 베닝에서 제일가는 판매원이 되었고 그 자리를 오래도록 지켰다.

웨스는 다시 관심을 강연자에게 돌렸다. 앤 마리는 말을 계속 이어가고 있었다.

전환 반응

- 잘못이나 문제점을 가능한 한 빨리, 명확하게, 책망하지 않으면서 설명한다.
- 잘못된 일의 좋지 않은 영향을 알려준다.
- 일을 명확하게 알려주지 못한 것에 대한 책임을 진다.
- 업무를 자세히 설명하고 명확하게 이해했는지 확인한다.
- 상대방에 대한 지속적인 신뢰와 확신을 표현한다.

"사람들이 자신의 일에 대해 얻게 되는 네 번째 반응은 긍정적 반응입니다. 씨월드의 조련사들은 긍정적 반응의 행동으로 범고래에게 물고기를 주거나, 배를 긁어주거나, 혹은 장난감을 가지고 놀 시간을 주죠. 직장에서는 아마도 칭찬하거나, 배움의 기회를 제공하거나, 혹은 승진시키는 것 등이 될 수 있을 겁니다. 가정에서는 아이들을 칭찬해주거나, 안아주거나, TV를 보게 하는 것 등이 될 겁니다. 사람들은 자신이 일을 잘해냈을 때 긍정적인 보상을 받게 된다면 자연히 그 행동을 계속하고 싶어 하게 되죠. 전환의 의도는 긍정적 반응을 시작하기 위한 것입니다. 여기서 잊지 말아야 할 것은 '내가 긍정적으로 반응하지 않으면서 상대방이 올바로 행동하기를 기대해서는 안 된다'는 것입니다. 내가 긍정적이지 않으면 영원히 기다려야 할지도 모르니까요."

스크린 위에 새로운 슬라이드가 나타났다.

- 과정을 칭찬한다.
- 과정은 움직이는 칭찬의 목표다.

"이것이 바로 씨월드의 조련사들이 하고 있는 일이기도 합니다."

앤 마리의 설명은 열정적으로 계속되었다.

"범고래들에게 신호에 맞춰 물 위로 점프하도록 가르치기 위해 조련사들은 우선 줄 위로 점프하도록 가르칩니다. 그런데 줄 위로 점프하는 것을 어떻게 가르칠까요? 그냥 바다로 나가서 범고래들이 보트에 매달려 있는 밧줄 위로 점프를 할 때까지 메가폰을 붙잡고 '뛰어! 뛰어!'라고 외칠까요?"

'뛰어! 뛰어!'라는 표현에 청중들이 웃음을 터뜨렸다.

"그런 훈련은 점프하는 법을 잘 아는 범고래들에게나 할 수 있는 방법입니다. 새로운 고래를 처음 훈련시킬 때 조련사들은 범고래가 점프하는 법은 알지만 밧줄 위로 점프하는 것에 대해서는 전혀 모른다는 사실을 알고 시작합니다. 그래서 밧줄을 물속에 집어넣고 다닐 수 있는 공간을 충분히 만들어놓죠. 그리고 범고래가 밧줄 아래쪽으로 헤엄쳐 다닐 때는 아무런 관심을 보이지 않다가 밧줄 위를 헤엄치게 되면 주의를 기울이면서 먹이를 줍니다."

범고래 훈련 방법에 대한 새로운 사실을 듣자 청중들의 눈빛이 빛났다.

"샴이라는 범고래는 결코 바보가 아닙니다. 얼마간의 시간이 지나면 혼자서 이렇게 생각하게 됩니다. '흠, 이 밧줄과 음식 사이에 뭔가 재미있는 연관성이 있는 것 같은데……'라고 말이죠. 그러면서 샴은 밧줄 위를 좀 더 많이 헤엄치게 됩니다. 자, 그러면 이제 조련사들은 어떻게 할까요?"

청중 가운데 한 사람이 소리쳤다.

"밧줄을 점점 올리는 겁니다."

"맞습니다. 밧줄을 점점 올립니다. 만약 조련사는 물속을 쳐다보면서 '샴! 다시 한 번'이라고 소리치는데 관객들은 주위를 둘러보며 범고래가 어디 있는지 찾고 있다면 그리 흥미진진한 쇼가 되지 못하겠죠."

청중들은 앤 마리가 말한 장면을 그려보았다. 여기저기서 웃음소리가 터져나왔다.

"여기에서 중요한 점은 과정, 즉 점점 나아지고 있는 상태를 계속해서 알아차리고, 인정하고, 보상해야 한다는 것입니다. 범고래뿐 아니라 사람과도 바로 이렇게 일을 해야 합니다. 잘한 일을 알아채야 하고, 만일 정확하고 올바르게 처리되지 못한 일이라 하더라도 그 과정을 칭찬해야 하는 것이죠. 그런 방법으로 성공을 준비시키고, 성공을 시작해나가는 것입니다."

웨스 킹슬리는 앤 마리의 연설을 주의 깊게 듣고 있었다. '과정을 칭찬하라'는 그녀의 말에 웨스는 다른 기억을 떠올렸다. 그와 그의 아내 조이가 처음으로 딸아이에게 걸음마를 가르치던 때였다. 당시 그는 아이가 균형을 잡지 못하고 기우뚱거리며 서 있는 모습을 보고 있는 것만으로도 즐거웠다. 게다가 아이가 갑자기 엉덩방아를 찧으면서 귀여운 웃음을 터뜨릴 때는 정말로 깨물어주고 싶을 정도로 사랑스러웠다. 걸음마 가르치기는 마치 그들 셋의 규칙 없는 사랑 게임과 같았다.

하지만 그는 지금에서야 그 사랑 게임의 의미를 알게 되었다. 그건 아주 중요한 게임이었다. 당시 웨스와 그의 아내는 아이가 일어설 때마다 웃으면서 박수를 쳐주고 칭찬과 격려를 아끼지 않았다. 그런 부모의 성원 속에서 어떤 아이가 그 행동을 계속 해나가지 않겠는가? 그리고 마침내 아이가 첫걸음을 내디뎠을 때, 비록 아이는 바로 주저앉고 말았지만, 자신도 모르게 터져나오는 갈채로 아이의 성공을 환영해주었다. 웨스는 주저앉은 아이를 일으켜 세우고 자랑스럽게 껴안으면서 말했다.

"걸었어! 걸었다고!"

그는 이 말을 계속해서 되풀이했다. 영화 필름처럼 떠오르는 기억을 회상하면서 웨스는 미소를 지었다.

'그게 바로 과정을 칭찬하는 것이었어. 맞아. 처음에 아이가 제대로 서지도, 혼자 걷지도 못한다 해서 실망하지도 탓하지도 않았어. 만약 그랬다면 이제 10대가 된 아이들이 아직도 집 주위를 기어다니고 있을지도 모를 일이지.'

'고래반응'이 가정과 회사를 살린다

"이제, 여러분에게 질문을 하나 하겠습니다."

앤 마리의 강연은 계속 이어지고 있었다.

"사람들이 잘못하는 것을 알아채는 것과 잘하는 것을 알아채는 것 중 어느 것이 더 쉬울까요?"

사람들은 전부 입을 모아 대답했다.

"잘못한 일이요!"

"바로 맞혔습니다! 정말 지능이 높고 똑똑한 분들이시군요."

그녀가 그렇게 말하자 청중들 사이에서 작은 웃음이 터져나왔다. 그들은 앤 마리가 자신들의 행동에 대해 과장될 정도로 긍정적인 면을 강조하고 있다는 사실을 깨달았다.

"사람들이 잘못하는 일을 지적하는 것은 쉽습니다."

앤 마리가 확고한 어조로 말했다.

"그냥 앉아서 일을 망칠 때까지 기다리면 되는 거죠. 그러고 나서 잘못을 지적함으로써 자신이 훨씬 똑똑하다는 걸 보여주려고 합니다. 저는 그걸 '뒤통수치기 반응'이라고 부릅니다. 정말 아무것도 아닌 걸 가지고 그들은 뒤통수를 치죠. 그런 식으로 일을 처리하는 상사들을 '갈매기 관리자'라 하는데 직원들이 일을 잘못할 때까지 가만히 놔두었다가 어느 순간 갑자기 나타나 소리를 지르면서 모든 사람들에게 불평을 쏟아놓죠. 이것이 바로 '놔뒀다 공격하기'라는 고전적 스타일의 관리 방식이죠."

웨스와 청중들은 앤 마리의 말에 동의하며 고개를 끄덕거렸다.

"반대로 사람들이 잘한 일을 찾아내는 행동방식을 저는 '고래 반응'이라 부릅니다."

앤 마리가 고래 반응이라는 말을 하자 사람들은 잘 이해가 안 된다는 듯 고개를 갸우뚱거렸다.

"고래 반응이란 앞서 말씀드렸던 범고래 훈련법과 관련해서 제가 만든 말입니다. 과정을 칭찬하고 잘못된 일이 생겼을 때는 에너지를 전환시키는 반응 방식입니다. 이 반응 방식은 참을성과 자기 억제가 필요하기 때문에 상당히 힘듭니다. 특히 지금까지 잘한 행동은 무시하고, 뒤통수치기 반응 방식만 사용해오신 분이라면 생각을 완전히 바꾸고 사태를 지금까지와는 전혀 다른 방식으로 보아야 합니다. 어쩌면 여러분은 자신의 눈길을 끌었던 잘못된 행동에 대해서 찬찬히 되짚어봐야 할지도 모릅니다. 다시 말해 여러분 자신의 시각을 바꿔야 한다는 것입니다. 잘한 행동을 찾아내려면 많은 노력이 필요할 수도 있습니다. 그러나 그렇게 하면 직장이나 가정에서 다른 사람들로부터 여러분이 원하는 행동을 훨씬 더 많이 끌어낼 수 있습니다. 중간중간에 어깨를 살짝 두드려주면서 '잘하고 있어', '잘했네' 같은 말을 섞어 긍정적인 반응이 계속 이어지도록 해야 합니다. 저는 이것을 '격려 반응'이라고 부릅니다. 하지만 진정한 고래 반응은 이런 것보다 훨씬 더 많은 것을 요구합니다. 고래 반응에는 다음과 같이 몇 가지 단계가 있습니다."

앤 마리가 말을 마치자 새로운 슬라이드가 나타났다.

> **고래 반응**
>
> - 즉각적으로 칭찬한다.
> - 사람들이 잘했거나 대체로 잘해낸 일에 대해 명확하게 말한다.
> - 사람들이 한 일에 대해 느끼는 긍정적인 감정을 공유한다.
> - 계속해서 일을 잘해나가도록 격려한다.

"몇 주 전 저는 고래 반응을 설명해줄 만한 아주 흥미로운 경험을 했습니다."

스크린에서 청중 쪽으로 눈길을 돌리며 앤 마리가 말을 이었다.

"소매 체인점에서 관리자로 일하는 친구를 찾아갔을 때였습니다. 그 친구가 관리하는 점포 중 한 곳으로 들어가자 매니저가 저희를 반갑게 맞이해줬습니다. '우리에게 격려 시범을 보여주세요'라고 제 친구가 청하자 '이곳에서 잘 되어가는 것들을 보여달라고요?' 하며 매니저는 활짝 웃었습니다. 곧이어 매니저는 자신의 상사인 제 친구에게 성과가 아주 높은 직원들을 기쁘게 소개시켜주었고 그들의 업무 성과를 보여주었습니다. 제 친구는 그에게 상사 앞에서 자신의 직원들을 바로 칭찬할 수 있는 기회를 주었던 거죠. 저는 그 과정 전부가 모든 사람들이 자신의 업무를 더 향상시킬 수 있도록 만들어주는 좋은 과정이었다고 생각합니다."

조용히 귀 기울이고 있는 청중들을 잠시 바라보다가 앤 마리가 말을 이었다.

"어떤 분은 이렇게 반문하실지도 모르겠습니다. '하지만 지역 관리자가 그런 일에 관심이 없다면 좋은 성과를 낼 수 없는 것 아닌가요?'라고 말입니다. 맞습니다. 하지만 중요한 것이 하나 더 남았습니다. 저희가 그 격려 시범을 마치고 난 후 제 친구는 매니저에게 이렇게 말했습니다. '지금까지 잘 되어가고 있는 일에 대해서는 다 봤습니다. 혹시 저나 저희 본부에서 지원해드릴 만한 문제점은 없습니까?'라고 말이죠. 그러자 매니저는 그 질문에 어떤 나쁜 의도가 있지 않다는 것을 알아차리고 개선해야 할 점에 대해 열성적으로 말하기 시작했죠."

청중들과 함께 앉아 있던 웨스는 데이브가 자신에게 말했던 것, 즉 고래들에게 해가 되지 않게 하면서도 신뢰를 쌓는 방법에 대한 얘기를 떠올리며 미소 지었다.

"제 친구가 했던 일에서 가장 마음에 들었던 것은 긍정적인 면을 먼저 강조했다는 점입니다. 그렇게 분위기를 긍정적으로 형성한 후에 자신의 부하직원에게 잘 안 되는 것에 대해 말할 수 있도록 배려해준 것이죠."

새로운 슬라이드에는 두 가지 반응이 나타나 있었다.

뒤통수치기 반응

- 사람들이 잘못하는 것을 잡아낸다.

고래 반응

- 사람들이 잘한 것을 알아낸다.

"만일 여러분이 살아오는 동안 뒤통수치기 반응 환경에서 자라났다면 다른 사람들에게도 같은 방법을 사용하려는 경향이 있을 것입니다. 하지만 관리자나 경영자로서 여러분의 목표가 업무 활동을 증진시키는 것이라면 지금 당장 고래 반응을 시작하는 것이 아주 중요합니다. 불행하게도 실제로 우리들 가운데 많은 사람들이 뒤통수치기 반응으로 주변 사람들을 대합니다. 일을 훌륭히 수행해낸 것보다는 수행해내지 못한 것에 주의를 집중하는 거죠. 하지만 명심하세요. 그 과정에서 우리는 우리가 원치 않는 행동방식을 강화시키고 있다는 사실을 말입니다."

앤 마리의 목소리는 고조되고 있었다.

"인간에게 관심은 햇살과도 같은 것입니다. 우리가 어떤 행동에 관심을 가지면 가질수록 그 행동은 더욱 향상되고, 반대로 무시하게 되면 사그라지게 되죠. 다시 한 번 자신의 상사, 배우자, 아이들, 부모님, 혹은 부하직원들과의 관계에서 생겨나고 있는 문제들의 원인에 대해 생각해보세요. 보통 여러분은 언제 사람들에게 관심을 보입니까? 대부분 사람들이 잘못했을 때입니다. 관심을 쏟지 않을 때는 언제이죠? 모든 일이 제대로 되어갈 때입니다. 예를 들어 여러분 가운데 아이를 가진 분들께서는 아이들이 잘하고 있을 때 이렇게 생각할 겁니다. '아이들이 잘 놀고 있군. 아이들이 아주 조용한 걸 보니 말야. 이제야 좀 쉴 수 있겠네.' 하지만 그 생각이 옳은 걸까요?"

앤 마리는 잠시 말을 멈추고 사람들을 응시했다.

"틀렸습니다! 그런 생각을 가지신 분들은 아이들을 동기화시킬 수 있는 최적기를 놓치고 있는 겁니다. 동기화시킬 수 있는 최적기란 바로 아이들이 생활을 가장 잘하고 있을 때입니다. 그런데 우리는 반대로 하고 있는 거죠. 우리 모두는 점점 바보가 되어가고, 수동적으로 변해가고 있는 겁니다. 잘 생각해보세요. 만일 사람들이 일을 잘해낼 때마다 긍정적이고 상세한 피드백을 해준다면 사람들은 그 행동을 더 많이 할까요, 아니면 적게 할까요?"

"더 많이요."

청중들은 이제 확실히 알겠다는 듯 큰 소리로 대답했다.

"이제 모두들 확실히 알고 있는 것 같군요. 바로 이 점 때문에 긍정적인 것에 대해 얘기해야 하고, 관심이 필요하거나 바로잡아줘야 할 실수가 생겼을 때 계속되는 격려가 필요합니다. 만일 제가 관리자들에게 단 한 가지 사실만 알려줄 수 있다면, 이 사실을 알려드릴 것입니다."

앤 마리는 돌아서서 새로운 슬라이드를 가리켰다.

● 잘되고 있는 모든 일에 관심을 갖고 긍정적으로 말한다.

 웨스는 속으로 '저 말이 맞아. 앞으로는 좀 더 노력해야겠어'라고 생각했다. 앤 마리의 말이 다시 이어졌다.

 "제가 느낀 바에 의하면 초점을 바꾼다는 것은 쉬운 일이 아닙니다. 특히 다른 사람들의 잘못을 찾아내서 비판하는 뒤통수치기 반응에 익숙해진 분들에게는 더욱 그렇습니다. 그런 분들에게는 고래 반응을 할 수 있게 만드는 수단이 필요할지도 모르죠. 직원들이나 가족들과 함께 있을 때 항상 모든 사람들이 '내가 잘한 일을 알아주세요'라는 커다란 표어를 붙이고 있다고 상상하는 것도 좋은 방법일 겁니다."

 청중들 사이에서 엷은 미소가 흘러나왔다.

 "저는 여러 사업장에서 고래 반응이 효과를 발휘하여 팀과 회사를 급격하게 변화시키는 것을 자주 봤습니다. 여러분 또한 이 접근 방식을 집에서 오늘 당장 실천해보시길 권합니다. 주변의 모든 사람들에게 긍정적으로 반응하겠다고 결심하십시오. 일단 이 과정을 시작해서 초반에 성공을 거두게 된다면 여러분의 인간관계는 비약적으로 좋아질 겁니다. 그래서 그 긍정적인 반응을 지속하고 싶다는 욕구가 더욱 상승될 겁니다. 물론 가끔은 잊어버리고 다시 부정적으로 반응할 수도 있습니다. 정말로 몸 상태가 좋지 않은 날은 집에 돌아와 누군가에게 자제력을 잃고 화를 내게 될지도 모릅니다. 하지만 여러분이 알고 있는 모든 사람들에게 긍정적인 것을 강조해 주기 위해 의식적으로 노력하다 보면 예외적인 경우는 사라지고 긍정적인 것을 강조하는 일이 습관처럼 될 겁니다. 그리고 긍정적인 습관의 대가는 여러분의 상상을 초월할 겁니다."

웨스는 자신의 노트에 '모든 사람들에게 긍정적인 것을 강조한다'라고 적고 밑줄을 그었다.

"또 고래 반응은 여러 가지 불편한 일들로부터 여러분을 보호해 줄 수 있다는 사실을 꼭 말씀드리고 싶군요. 저의 최근 경험을 얘기해드리죠. 얼마 전 저는 비행기표를 끊기 위해 줄을 선 적이 있었습니다. 그런데 제 앞의 남자 차례가 왔을 때 무슨 이유인지는 모르겠지만 그 남자가 항공사 직원에게 온갖 욕설을 퍼붓고 있더군요. 그는 예약에 관해서 불평을 늘어놓고, 비행기의 연착에 대해 욕설을 하고, 항공사의 비효율성에 대해 온갖 트집을 잡고 있었습니다. 그의 빈정거리는 듯한 태도는 정말로 무례했습니다. 마침내 항공사 직원이 겨우 그를 안정시키고 비행기표 예약을 마쳤습니다. 그리고 제 차례가 되었죠. 저는 카운터 쪽으로 가서 진땀을 흘렸던 직원에게 '저 사람을 다루는 방식이 아주 훌륭하더군요. 그렇게 차분하고 침착하게 일을 처리할 수 있다는 사실이 놀라웠어요'라고 말했습니다. 그러자 그녀는 '감사합니다. 칭찬까지 해주실 정도는 아닙니다. 그런데 정말 친절한 분이신 것 같아서 말씀드리는 겁니다만, 사실 저 손님의 목적지는 시카고인데 짐은 시애틀로 가고 있답니다. 물론 저희가 그런 것은 아니고 저 손님의 고집 때문입니다'라고 말하더군요."

장내에는 한바탕 웃음소리가 터졌다. 웃음소리가 잦아들자 앤 마리는 덧붙였다.

"말을 마치고 그 직원은 제 좌석을 이등석에서 일등석으로 바꿔주었습니다. 긍정적인 것에 대해 강조하게 되면 사람들은 일이 끝난 후에 자신이 했던 행동이나 말에 대해 더욱 주의를 기울이게 됩니다. 그렇게 되면 일의 성과는 물론이고 향후 그 사람들과의 관계 또한 증진될 수 있다고 저는 확신합니다. 이걸 기억해두세요. '우리가 아무것도 하지 않고 있을 때조차도 우리는 어떤 것을 항상 강화시키고 있다.' 따라서 자신의 반응과 관련하여 항상 스스로에게 질문을 하십시오. '나의 반응은 어디에 속하는가. 즉 무반응인가, 부정적 반응인가, 전환 반응인가, 긍정적 반응인가?' 긍정적 반응, 다시 말해 고래 반응이 많으면 많을수록 일은 더욱 잘 되고 발전할 겁니다."

웨스 킹슬리는 앤 마리의 거침없는 강연에 점점 더 매료되고 있었다.

"사람들은 저에게 받아들이기 힘들거나 형편없는 성과가 나타날 때 어떻게 해야 하느냐고 질문하곤 합니다. 저는 보통 전환 반응을 사용하라고 권합니다. 그건 이제 여러분도 잘 아실 겁니다. 하지만 만일 누군가가 충분한 능력이 있음에도 불구하고 계속해서 받아들일 수 없는 성과를 내고 있다면 그건 태도의 문제입니다. 전환 반응으로는 아무런 효과도 없을 겁니다. 그와 같은 사람들은 자신이 낸 성과가 받아들여질 수 없는 것이라는 사실을 명확하게 알아야 할 필요성이 있습니다. 하지만 그때도 부정적 반응은 가장 바람직하지 못한 것이라는 사실을 명심하셔야 합니다. 즉 즉각적이고 상세하게 그들의 성과가 받아들여지기 힘들다는 사실과, 그들의 행동이 유발하는 부정적인 영향과 그에 따른 실망감을 말해주되 마지막 결론은 그들에 대한 확신으로 끝나야 합니다. 그렇게 말함으로써 받아들여질 수 없는 것은 그들 자신이 아니라 그들의 행동이었다는 걸 알려주어야 합니다."

잠시 말을 끊고 물 한 모금을 들이켠 후 앤 마리는 말을 이었다.

"오늘날 제가 느끼고 있는 것은 사회가 너무나도 빨리, 그리고 자주 변하고 있기 때문에 많은 사람들이 자신의 일에 있어서 전문가가 되는 것이 힘들어지고 있다는 겁니다. 우리들 대부분은 계속해서 배워야 하기 때문에 직원들이 실수를 했을 경우 전환 반응을 해주는 것이 부정적 반응을 하는 것보다 훨씬 적절합니다. 왜냐하면 부정적 반응은 특정 사람들을 좌절시킬 수 있으며 최선을 다하고 있는 사람들에게 부정적인 영향을 미칠 수 있기 때문입니다. 부정적 반응을 계속 유지한다는 건 사람들과의 관계에 계속 찬물을 끼얹고 있는 것과 같습니다. 그때 사람들은 신뢰감을 상실하고 여러분과 멀어지려 노력할 겁니다. 비판이나 업무에 대한 부정적인 피드백은 아무리 조심해도 부정적인 결과를 만들게 됩니다. 인간관계는 은행 계좌에 비유할 수 있습니다. 나의 계좌에 돈이 많다는 건 내가 다른 사람들에게 고래 반응을 많이 했다는 뜻입니다. 돈이 많으면 많을수록, 즉 고래 반응이 많으면 많을수록 다른 사람의 실수를 쉽게 고쳐줄 수 있고 상대방도 자연스럽게 받아들일 수 있게 됩니다. 이제 강연을 마칠 시간이 되어가는군요. 마지막으로 오늘 아침 여러분이 보여주신 고래 반응에 대한 보답으로 여러분 모두에게 선물을 하나씩 드리고자 합니다."

앤 마리는 객석 뒤에서 상자를 들고 있는 사람들에게 신호를 보냈다. 그들이 복도를 걸어 나오면서 청중들에게 상자 하나씩을 건네주었다.

"지금 받으시는 선물은 제 친구가 재직 중인 씨월드에서 만든 겁니다. 저는 그걸 고래 반응의 공식적인 상징으로 사용하기로 했습니다."

사람들이 선물을 받아 꺼내보는 동안 여기저기에서 탄성과 웅성거림이 일어났다. 선물은 아주 우아한 형태로 실제와 같은 색상이

입혀진 범고래 조각이었다. 범고래의 가슴 부위에는 고래 반응이라는 말이 새겨져 있었다.

"여러분께서는 이 범고래상을 자신의 조직에서 변화가 시작되는 상징으로 사용하실 수 있을 겁니다."

선물이 청중들에게 다 돌아가자 앤 마리가 설명했다.

"만일 누군가가 어떤 일을 잘하고 있는 것을 발견하게 되면 그 사람에게 범고래상을 넘겨주면서 이렇게 말하세요. '다른 누군가가 잘한 일을 발견하면 그 사람에게 이 범고래상을 건네주세요'라고요. 만일 이 범고래상이 더 필요한 분이 있다면 저에게 말씀하시기 바랍니다. 그리고 마지막으로 여러분의 모든 일이 말 그대로 아름답게 진행될 수 있길 바랍니다."

앤 마리의 강연은 청중들에게 큰 감동을 주었다. 그녀가 연설을 끝내자 사람들은 우레와 같은 기립박수로 경의를 표했다. 박수소리가 잦아들자 확성기에서 웨스가 들어본 듯한 노래가 흘러나오기 시작했다. 그 노래에서는 '긍정적인 것을 강조하고, 부정적인 것을 줄이고, 긍정적 표현을 사용하고, 확신을 가지세요'라는 가사가 중간중간에 되풀이되고 있었다.

제3장

앤 마리와의 특별한 만남

You are excellent

스스로 동기부여를 하도록 만든다

"웨스 씨죠? 안녕하세요?"

카페에 앉아 기다리고 있던 웨스에게 앤 마리가 인사하자 웨스는 자리에서 일어났다.

"연설 잘 들었습니다."

그는 강연의 흥분이 아직도 가라앉지 않은 듯 들뜬 목소리로 말했다.

"초대해주셔서 정말 감사합니다!"

두 사람은 자리에 앉아 커피를 주문했다.

"제 친구인 씨월드의 데이브 야들리와 만나셨다고요?"

앤 마리가 물었다.

"데이브의 스승도 만나보셨나요?"

"샴 말씀인가요? 데이브와 샴은 정말이지 저에게 아주 많은 도움을 주었습니다. 데이브를 어떻게 알게 되셨나요?"

앤 마리는 의자에 등을 살짝 기대고 웃으면서 대답했다.

"예전에 플로리다에 있는 대기업의 일을 맡고 있을 때 동료 한 명과 함께 씨월드에 가서 샴의 쇼를 구경했죠. 당신도 보셨죠?"

"네."

웨스가 당시를 떠올리며 대답했다.

"정말 멋지지 않았나요? 범고래들은 정말로 위대해요. 쇼에 등장한 범고래들은 저에게 많은 것을 생각하게 했죠. 상점이나 레스토랑, 혹은 사업장에서 삶과 열정, 그리고 넘쳐나는 생기를 발견할 때마다 저는 항상 어떻게 그렇게 할 수 있는지 궁금했어요. 어떤 것이 저렇게 사람들로 하여금 자신의 일에 대해 열정적일 수 있도록 만들어주는지 궁금했던 거죠. 그런데 샴의 쇼에서 모든 것이 밝혀졌죠. 조련사와 범고래는 정말로 자신들의 일을 즐기고 있었고, 그 즐거움은 그대로 관중들에게 전달되었어요. 저는 그 비법이 알고 싶어졌죠. 그래서 당신이 그랬던 것처럼 데이브 야들리에게 가서 물어봤어요. 그런데 세상에! 그들이 사용하고 있는 훈련 원칙은 제가 관리자들에게 가르치는 것과 똑같았던 겁니다. 그때부터 저는 사람들이 잘한 일을 알아주는 것을 고래 반응 방식이라고 부르기 시작했죠."

"제가 씨월드에서 느낀 것과 완전히 똑같은 말씀을 하시는군요. 데이브는 동물들을 조련할 때 기본이 되는 원칙은 '어떠한 해도 끼치지 않는 것'이라고 말하더군요. 그건 다시 말해 동물들과 신뢰를 쌓고 긍정적인 관계를 형성해나가는 걸 뜻하죠. 무반응이나 부정적 반응은 범고래가 쇼에서 해야 할 일을 방해한다는 겁니다. 대신 긍정적 반응, 즉 당신이 말했던 고래 반응 방식이 기본이 돼야 한다고 했어요. 하지만 제가 정확하게 알고 싶은 개념은 전환 반응입니다. 사람들이 적절치 않은 행동을 하거나 받아들일 수 없는 업무 수행을 할 때 어떻게 해야 하는지 알고 싶습니다."

"전환 반응은 까다로운 문제일 수 있습니다……."

앤 마리의 설명이 시작되기 전에 웨스가 끼어들었다.

"제가 이해하고 있는 걸 먼저 말씀드려도 될까요? 제가 이해하고 있는 건 전환 반응을 통해 사람들의 실수를 바로잡거나 업무 수행을 발전시킨다면 고래 반응으로 나아갈 수 있다는 겁니다. 더 나은 관계로 나아가는 거죠."

"바로 이해하고 있으시군요, 웨스 씨. 많은 사람들이 그 연결고리를 이해하지 못하곤 하죠."

"그런데 제 생각으로는 전환 반응을 실천하는 것이 쉽지 않을 듯합니다. 왜냐하면 그건 저의 성장 과정과 반대되기 때문입니다. 그러니까 수십 년 동안 부모님, 선생님, 그리고 상사들로부터 배워온 것들과 반대라는 말이죠."

"자기가 따라왔던 길을 쉽게 떨쳐버릴 수 없다는 말이죠?"

앤 마리가 물었다.

"맞아요. 뒤통수치기 방식을 사용하는 관리자나 부모님은 셀 수 없이 많죠."

"그게 바로 뒤통수치기 방식의 파급효과예요. 최고 상사가 자기의 관리자 중 한 명에게 소리 지르면, 그 관리자는 부하직원에게 소리 지르고, 이 부하직원은 다시 집에 가서 배우자와 아이에게 화를 내고, 마지막으로 고양이를 걷어차게 되는 것이죠."

웨스는 앤 마리의 설명에 고개를 끄덕였다.

"당신도 느끼셨을지 모르겠지만 '긍정적인 면을 강조하라'는 말은 제 사고방식에 새로운 돌파구를 만들어줬습니다. 씨월드에서 데이브와 있을 때, 그리고 오늘 당신의 연설을 들었을 때 저는 제가 아는 모든 사람들과 지금까지와 다르게 교류하는 것에 대해 상상하기 시작했어요. '긍정적인 면을 강조하도록 하자. 내 주위에 있는 사람들이 오랫동안 많은 일을 제대로 해왔는데 나는 그저 그걸 당연하게 생각해왔어. 그들은 더 많은 것을 받을 자격이 충분히 있는데도 말이야.' 그런 생각이 들더군요. 이제 제게는 긍정적 반응이 기본 태도가 될 듯합니다. 제 생각으로는 사람들이 자신의 과업을 정확히 해낼 때 고래 반응을 해야 한다고 생각하는데, 맞죠?"

"완전히 맞지는 않군요."

앤 마리의 대답에 웨스는 어리둥절했다.

"당신의 그 '정확히'라는 단어가 틀렸다는 거예요."

앤 마리가 설명했다.

"그 말은 마치 사람들이 완벽하게 바른 일을 할 때까지 기다리겠다는 말처럼 들려요. 씨월드의 조련사들이 고래를 물 밖으로 점프하도록 훈련시키기 위해 어떤 방법을 사용했는지 기억나세요?"

"과정을 칭찬하는 방법 아니었나요? 원하는 방향의 움직임이라면 어떤 움직임에도 칭찬을 하는 것이죠."

"바로 그거예요!"

앤 마리가 맞장구를 쳤다.

"사람들에게도 같은 방법을 사용해야 합니다."

"그렇군요……."

웨스가 고개를 끄덕거리며 대답했다. 그러나 곧 다른 한 가지 의문이 떠올랐다.

"그런데 고래 반응이라는 것이 어쩌면 사람들을 조종하기 위한 기교는 아닌지 의문이 드는군요. 범고래는 칭찬이나 상을 받기 위해 조련사가 원하는 행동을 하겠지만 사람들은 꼭 그렇지 않은 것 같습니다. 어쨌든 자신만의 가치관을 가지고 있는 사람은 범고래와 다르지 않나요? 달리 말하자면 사람들은 상을 받을 수 있다는 사실 하나만으로 다른 사람이 원하는 일이나 필요로 하는 일을 하지 않는다는 말이죠. 사람들이 어떤 일을 하게 되는 것은 그 일이 올바르기 때문 아닌가요?"

앤 마리는 웨스의 지적에 동의한다는 듯한 표정을 지었다.

"그러한 문제에 대해 말해주시다니 제가 고맙군요. 사람들을 다루는 기교, 다시 말씀드리면 사람들을 동기화시키는 것과 관련해서 두 가지 중요한 사실이 있습니다. 우선 다른 사람에 의한 동기화가 필요하지 않은 사람들이 있다는 겁니다. 예컨대 자신의 사업체를 운영하는 사업가일 수도 있고 혼자 일하는 자유기고가일 수도 있죠. 그들은 스스로 동기를 부여하고 자신의 목표와 조직의 목표를 서로 연계시키고 있어요. 그 경우 대개 개인적인 목표와 조직의 목표가 같습니다. 그 이외의 모든 사람들은 동기화가 필요한 사람입니다. 씨월드의 고래도 마찬가지죠. 직장인이나 아이들 혹은 씨월드의 고래는 스스로 동기화한다기보다는 필요한 일을 요구받는 경우가 많죠."

"우리 아이들이 자기 방을 정돈해야 하는 것처럼 말이죠?"

웨스가 씩 웃으며 말했고 앤 마리는 계속 설명했다.

"그래서 무엇을 통해 사람들을 동기화시킬 수 있는지가 중요하죠. 사람들은 누구나 자신이 곁에 있을 때만 다른 사람들이 열심히 하는 모습을 보고 싶어 하지는 않을 거예요. 그래서 좋은 인간 경영의 초점은 누가 있거나 없거나 모두들 열심히 하도록 하는 것에 있죠. 어떤 관리자도 직원들이 칭찬이나 봉급 인상을 바라고 일하기를 바라지는 않죠. 마찬가지로 부모들도 아이들이 집안일을 하면서 매번 보상을 바라는 태도를 원하지 않고요. 관리자나 부모들은 부하직원이나 아이들이 보상에 의존해서 일하기보다는 자신의 일을 즐기면서 일하길 원하는 거죠. 범고래도 마찬가지예요. 조련사들은 범고래들이 쇼를 즐기길 바라는 겁니다. 그래서 고래 반응의 궁극적인 목표는 사람들이 스스로 동기화할 수 있는 힘을 심어주는 거죠."

"그러니까 고래 반응의 목표는 사람들이 스스로 마음에서 우러난 행동을 하도록 돕는다는 것인가요?"

"네. 사람들로 하여금 자신이 잘할 수 있는 일을 찾아 그에 따라 행동하길 바라는 겁니다."

"좀 더 구체적인 방법을 설명해주실 수 있나요?"

"여러 가지 방법이 있어요. 직장에서라면 우선 고래 반응을 많이 한 후에 이렇게 말해주는 것도 좋은 방법입니다. '마감 전에 일을 끝내면 정말 기분이 좋을 거예요'라고 말입니다. 또 '정말 자랑할 만한 보고서군요'라고 말해도 좋을 겁니다. 만일 내가 직장 상사인데 부하직원이 자신의 일에 대해서 긍정적 생각을 가지고 있다는 사실을 알고 있다면 이렇게 말할 수도 있겠죠. '이 일에 대해서 어떻게 느끼는지 말해줘요'라든가 '일을 이렇게 훌륭하게 끝내고 나니 어떤 기분이 드나요?'라고요. 그에 대해 부하직원이 무어라 대답하면 그 대답을 진심으로 들어주고 마지막으로 자부심과 성취감을 고취시켜주면 되죠."

"정말 좋은 생각인 것 같아요."

웨스는 자신의 직장을 생각하며 말했다.

"그러니까 고래 반응 그 자체가 목표는 아닌 거군요. 고래 반응은 사람들이 스스로 일을 잘해내도록 만들어주는 징검다리와 같다는 말씀이시죠?"

"빙고!"

"정말 멋진 방법인 것 같습니다. 그런데 당신은 긍정적인 것을 강조하는 법을 누구에게 배운 거죠?"

"아버지로부터요. 아버지는 해군 장교였는데 어렸을 때 이렇게 말씀하시곤 했죠. '명령을 내릴 만한 위치에 있으면서 명령하지 않는다는 건 정말 멋진 일이란다. 사람들에게 네가 원하는 것을 하도록 만들 수 있는 유일한 방법은 그들과 긍정적이고 신뢰감 있는 관계를 형성하는 것이라는 걸 명심해라. 긍정적인 관계를 형성하면 긍정적인 결과가 따라온단다'라고요."

앤 마리는 갑자기 자신의 시계를 들여다봤다.

"죄송하지만 이제 이야기를 끝내야 할 것 같군요. 시간이 늦어서 공항까지 택시를 타고 가야겠어요. 오늘 저녁에는 연설가협회 임원들과 식사를 하기로 돼 있고 내일은 시카고에서 연설을 해야 하거든요."

"제가 공항까지 모셔다드리죠."

인간관계는 최고의 경쟁력

 웨스는 자신의 새로운 정신적 스승과 좀 더 시간을 보낼 수 있는 기회를 놓치고 싶지 않아 배웅을 해주겠다고 제안했다. 웨스가 찻값을 지불하고 둘은 커피숍을 나왔다. 앤 마리는 호텔 로비에서 웨스가 차를 가져올 때까지 잠시 기다렸다 동승을 했다. 웨스의 차가 공항으로 가는 길에 접어들자 앤 마리가 말했다.
 "이제 집으로 가시자마자 가족들이 잘한 일을 알아내는 것부터 시작할 것 같군요. 회사에서도 고래 반응을 하나의 전략으로 사용하길 바라요. 관리자가 고래 반응에 대해 진지하게 고민하고 조직에 적용하게

되면 업무 능률이 향상되어 회사와 직원들에게 많은 이익이 돌아올 겁니다."

"어떻게 해서 그렇게 될 수 있는지 다시 한 번 설명해주실 수 있나요?"

웨스가 좀 더 많은 지식을 얻기 위해 물었다.

"오늘날 사업을 하는 데 기술적인 진보나 서비스 혁신, 혹은 가격 정책 같은 것은 큰 경쟁력이 없어요. 왜냐하면 새로운 기술이나 서비스, 그리고 가격 정책이 발명된다 해도 경쟁사에서 순식간에 모방할 수 있으니까요. 이런 환경에서 진정으로 경쟁력이라고 부를 수 있는 것은 오로지 회사 구성원들 간의 관계인 거죠. 만일 직원들이 당신을 신뢰하고 존경하며 당신의 목표를 믿는다면, 그들은 당신뿐 아니라 고객을 만족시키려 할 거예요. 그 관계를 바탕으로 해서 품질, 가격, 마케팅, 운송과 관련된 새로운 정책들을 제공하게 된다면 아무도 당신의 조직이나 회사를 꺾을 수 없게 될 겁니다. 명심하세요. 경쟁자가 나로부터 모방하거나 빼앗아갈 수 없는 유일한 것은 나와 내 직원의 관계이고, 직원과 고객의 관계라는 걸."

"오늘 아침 강연에서 가장 많이 생각하게 했던 것은 '다른 사람들의 행동에 대한 나 자신의 반응이 그 행동에 큰 영향을 끼친다'는 거였습니다. 저는 지금까지 제가 누군가에게 무관심할 때조차도 그 사람의 업무 수행에 영향을 끼친다는 생각은 한 번도 해본 적이 없었거든요. 이제 고래 반응의 영향과 효과를 확실히 알게 됐어요. 회사에 돌아가게 되면 직원들과 신뢰를 쌓고 그들을 동기화시키는 데 최선을 다할 생각입니다."

"한 가지 더 말씀드릴 것이 있어요."

앤 마리가 잊어버렸던 것이 생각난 듯 말했다.

"모든 개인들은 각자 서로 다른 이유로 동기화된다는 거예요. 씨월드의 조련사들은 먹을 것을 제외하고는 범고래들을 동기화시켜 주는 요소가 범고래마다 서로 다르다는 사실을 깨달았죠. 그런 사실을 알고 나서 조련사들은 범고래들을 자세히 관찰하기 시작했어요. 각각의 범고래가 어떤 것을 좋아하고 어떤 것을 싫어하는지 관찰한 것이죠. 고래 반응은 동기화를 위한 출발점으로는 좋지만 잘못될 경우 공허한 메아리로 끝날 수 있답니다. 개인마다 각각 무엇이 동기를 부여하는지, 그리고 그들 각각이 무엇을 싫어하는지 알아내고 찾아내야 합니다. 그래야 보다 빠른 시간 내에 많은 동기부여를 할 수 있습니다."

"그럼 일단 사람들을 관찰하는 것이 동기화 요인을 찾아내는 중요한 방법이겠군요."

웨스가 앤 마리에게 동의를 구했다.

"중요한 것을 넘어 유일한 방법이죠."

앤 마리가 미소 지으며 대답했다.

"강연에서도 말씀드렸듯이 사람들과 일을 하는 데 있어서 가장 큰 힘은 그들과 함께 얘기할 수 있다는 것이죠."

"그럼, 사람들에게 어떤 것이 그들을 동기화시키는지 물어봐야 하나요?"

"맞아요. 예를 들어 재고 관리 부서의 관리자라면 이렇게 물어보는 거예요. '그동안 재고 문제를 잘 처리해왔다는 것을 알고 있네. 장단기적으로 내가 자네의 노력에 보상할 수 있는 가장 좋은 방법이 무엇이겠나?'라고 말이죠."

"장단기적이라뇨?"

웨스가 잘 이해가 안 된다는 듯 물었다.

"단기적 보상이란 하루하루 일상에서 사람들에게 보상을 하는 것이고, 장기적 보상이란 일정 기간, 즉 한 달이나 한 분기, 혹은 1년 등의 단위로 특정 업무에 대해 보상하는 것을 말하죠. 하지만 장기적이든 단기적이든 주의해야 할 것은 무엇이 사람들을 동기화시키는지 스스로 알고 있다고 확신하면 안 된다는 거예요."

"그 확신이란 게 예를 들면 어떤 겁니까?"

웨스가 다시 물었다.

"어떤 직원의 업무 처리가 마음이 들어 당신은 그 사람에게 이런 말을 할지도 모릅니다. '그동안 고객과의 관계에서 일을 잘해낸 대가로 좀 더 많은 권한과 책임을 주도록 하겠네'라고요. 하지만 그 사람은 더 많은 권한과 책임보다 더 많은 돈을 원할 수도 있어요. 만약 그 사람의 가족 중에 한 사람이 병원에 입원한 경우라면 더욱 그렇겠죠. 그 반대의 경우도 생각할 수 있어요. 예를 들어 업무의 성과가 높은 직원에게 '자네의 일처리 방식은 정말 만족스럽네. 그래서 자네의 월급을 좀 올리기로 결정했네'라고 말할 수 있어요. 하지만 그가 재정적으로 아무런 압박감이 없다면 돈보다는 좀 더 많은 권한과 책임을 갖고 싶어 할지도 모른다는 말이죠."

"그러니까 그 얘기의 핵심적 규칙은 이건가요?"

웨스는 표어를 읽듯 한 구절을 소리 높여 말했다.

"사람들을 동기화시키는 요인을 안다고 자신하지 말 것."

"사람들마다 동기화하는 요인이 무엇인지 물어보는 것에 대해 쑥스러워하지 마세요. 물어봐서 손해를 볼 건 하나도 없으니까요."

고속도로로 진입하는 동안 둘은 잠시 말없이 있었다. 그러다가 웨스가 말문을 열었다.

"제가 잘못 알고 있는 것이 있다면 언제든 지적해주세요. 저도 곰곰이 생각해보니 기계적으로 고래 반응을 사용해봤자 효과가 없을 거란 생각이 드는군요. 그저 제스처로 '잘했네, 허브. 앞으로도 열심히 해주게'라고 말한다면 허브는 금세 제가 진심으로 하는 말이 아니라는 걸 알아채겠죠."

앤 마리가 동의하며 고개를 끄덕였다.

"맞아요. 데이브는 방금 말씀하신 걸 범고래를 통해서 알게 됐죠. 범고래에게 무성의하게 대하면 범고래는 그걸 금방 알아챕니다. 속일 수가 없어요. 그들은 자신들의 머리를 쓰다듬는 조련사의 손을 통해 그들이 진심으로 그러는 것인지 형식적으로 그러는 것인지 알아채죠. 범고래는 무성의하다는 걸 알게 되면 함께 일을 하려고 하지 않아요. 다른 곳으로 헤엄쳐 가버리죠."

"우리 회사에서는 무성의를 '연막을 친다'거나 '아첨한다'고 표현하죠. 정말 사람들은 거짓으로 칭찬하는 걸 단번에 알아채는 것 같아요. 그래서 그걸 알아챌 때는 바로 그 자리에서 달아나버리죠. 마치 범고래가 헤엄쳐 가버리듯이 말입니다. 많은 관리자들이 평범을 조장해요. 관리자들이 평범하지 않은 것에 관심을 기울이는 때는 직원들의 업무 수행이 특정 수준에 도달하지 못했을 때뿐이죠. 그제야 관리자들은 갑자기 태도를 바꿔 직원들을 칭찬하거나 격려하지만 별 효과가 없죠. 왜냐하면 사람들은 단지 '저 사람 지금 뭐 하고 있는 거야?'라고 생각할 뿐이니까요. 그들은 상사가 자신을 조종하려 한다고 생각하는 거죠."

웨스의 표정이 조금 굳어졌다.

"사실 그게 바로 제가 염려하는 겁니다. 지금까지 저는 '뒤통수치기' 행동에 익숙한 채로 주변 사람들과 여러 해를 보냈어요. 만일 제가 갑자기 태도를 바꿔서 긍정적인 것을 강조하거나 부정적인 반응을 전환 반응으로 바꾼다면 그들이 금방 알아채지 않을까요?"

"그 문제에 대한 제 생각은 이거예요."

앤 마리는 고개를 끄덕이며 조금 전 웨스가 그런 것처럼 한 구절을 소리 높여 말했다.

"고래 반응은 당신이 성실하고 정직할 때만 가능하다."

"만일 직원들이 당신의 긍정적 반응을 무성의한 것으로 여긴다는 느낌이 들면, 그렇지 않다는 것을 증명하는 데 시간을 할애하세요. 팀원들의 반응을 예측하고 솔직하게 대하세요. 또 그동안 당신이 너무 부정적이었다는 사실을 인정하고 그걸 바꾸고 싶다고 말하세요. 고래 반응이라는 방법을 그들과 공유하고 그들에게 도움을 청하는 거죠."

어느덧 그들은 공항에 도착해 국내선 비행장으로 접어들었다. 앤 마리가 마지막 충고를 건넸다.

"우리는 뒤통수치기 반응으로 생산성이나 인간적인 만족에서 원하는 결과를 산출하는 데 실패한 자료를 많이 가지고 있어요. 제가 바라는 것은 많은 관리자들이 고래 반응을 계획적이고 체계적인 방법으로 사용하는 거예요. 주변 사람들과의 관계에 대해 두려움을 갖지 마세요. 그리고 항상 스스로에게도 잘한 일을 칭찬하도록 하세요. 가치 있는 일은 참을성을 가지고 계속 해나가야 합니다."

"열심히 할게요. 행운을 빌어주세요."

공항 터미널의 입구에 차를 대면서 웨스가 말했다.

"잘 될 거예요."

앤 마리는 말을 마치고 웨스와 악수를 나눴다. 그리고 차 안에서 여행 가방을 꺼낸 후 웨스에게 종이 한 장을 건네주었다.

"성의라는 것은 사람들을 대할 때 정말로 중요해요. 그런데 때론 뭐라고 해야 할지 모를 때가 있죠. 당신이 시작하는 데 도움이 될 만한 예들이 여기 적혀 있어요. 좋은 참고가 됐으면 좋겠군요. 아, 그리고 제 명함도 드릴게요. 연락하세요."

그녀는 웨스에게 자신의 명함을 건네주었다.

"일이 어떻게 되어가는지 제게 알려주시면 제게도 도움이 될 거예요."

웨스는 그녀가 진심으로 자신을 돕는다는 걸 느낄 수 있었다. 그는 앤 마리가 건네준 종이를 펼쳐보았다.

<고래 반응의 예>

직장에서 칭찬하기

- **관리자인 경우**
  "자네가 회의에서 내놓은 의견은 아주 탁월한 것이었네. 개진한 의견은 사람들의 주목을 끌었고, 자네가 X와 Y에 대한 핵심을 얘기했을 때 고객의 얼굴이 밝아지는 것을 보았네. 짧은 시간 동안 그 고객이 확신을 가질 수 있도록 만들어주었어. 덕분에 우리 모두 일을 잘할 수 있게 되었어! 고맙네."

- **팀인 경우**
  "우리 팀은 이제 함께 원활하면서도 책임감 있는 업무 수행을 하려고 합니다. 리더십을 넘겨주는 데 있어 여러분은 모두 제가 상사로서보다는 조정자로서의 역할을 할 수 있도록 도와주었습니다. 나는 그 점이 훨씬 마음에 듭니다. 자, 우리 하나의 팀으로서 잘 일해봅시다."

- **개인적으로 공헌한 사람인 경우**
  "보고서에서 도형을 이용해 이렇게 분류해놓은 방식이 마음에 드는군요. 결과를 알아보기가 훨씬 쉬워요. 지금부터 이런 방식을 사용하도록 모두에게 권장해야겠습니다."

가정에서 칭찬하기

- **10대 중반의 아이인 경우**

"집에 돌아와서 네가 쓰레기를 치워놓은 것을 보니 기분이 정말 좋구나. 난 토요일쯤에 버리려고 생각했는데 이제 다 치워져 있으니 다른 일을 하거나 쉴 수 있겠다. 덕분에 마음의 짐을 하나 덜었다. 정말 고맙다, 얘야."

- **10대 초반의 아이인 경우**

"오늘 널 스포츠센터에 데려다주면서 나눈 대화가 정말 유익했단다. 우리가 이렇게 나누는 대화에서 난 많은 것을 배운다. 앞으로도 계속 이렇게 하자꾸나."

- **초등학교 1학년 아이인 경우**

"오늘은 한 번만 불렀는데도 일어났더구나. 아침에 다들 준비하느라 정신없을 때 네가 그렇게 해준 게 얼마나 도움이 됐는지 아니? 아주 많은 도움이 됐단다!"

- **미취학 아동인 경우**

"혼자서 신발 끈도 묶고 옷도 골라놓았구나. 정말 잘했다!"

전환 반응의 예

직장에서

- "빌, 자네가 새로운 회계 시스템을 다루는 데 문제가 있다는 걸 아네. 그래서 베티에게 자네를 좀 도와주라고 부탁했어." (그 후에) "잘하고 있네, 빌. 보고서를 보니 자네가 새로운 시스템에 대해 아주 잘 알고 있는 것으로 보이는군. 뭔가 의문이 있으면 언제든 얘기하게나."

- "앨리슨, 우리는 이 프로젝트에서 모든 사람의 능력을 최대한 발휘할 수 있도록 하고 싶네. 그래서 자네를 조지의 팀에 배정한 거야. 거기에서 자네의 기술을 충분히 발휘할 수 있을 걸세." (그 후에) "축하하네, 앨리슨. 나는 자네가 이 일에 적합한 사람이라고 계속 생각했네."

가정에서

- (아이가 강아지 먹이 주는 일을 좋아하지 않을 경우) "네가 해야 할 집안일을 강아지 먹이 주기에서 청소하기로 바꿨단다. 네가 그 일을 더 좋아하는 걸 알았고, 우리에게도 그게 필요하거든." (그 후에) "네가 청소하게 된 이후로 집 안이 아주 깨끗해졌구나! 정말 고맙다, 얘야."

- (아이들의 텔레비전 시청에 문제가 있을 경우) "식구들이 모두 만족할 수 있도록 텔레비전 시청 시간을 조정하자꾸나." (그 후에) "너희가 텔레비전 시청 시간을 지켜줘서 정말 자랑스러웠단다."

웨스 킹슬리는 앤 마리가 준 종이를 그녀의 강연 내용을 적은 노트와 함께 서류 가방에 집어넣었다. 그가 데이브 야들리와 앤 마리 버틀러를 만난 것은 우연일 수 있었지만 그가 관리자로서 자신의 능력에 대해 큰 자신감을 얻을 수 있었던 것은 우연이 아니었다.

제4장

가족과 함께한 플로리다 여행

You are excellent

시작이 반이다

앤 마리 버틀러와의 만남 이후 첫 출근에서 웨스는 뜻하지 않게 고래 반응을 사용할 수 있는 기회를 갖게 되었다. 그는 오전 내내 부하직원의 긍정적인 면을 찾아보았다. 그리고 오후가 되자 자신이 알아낸 것을 회계팀장인 메리디스 스몰리에게 사용하기로 했다.

웨스와 메리디스는 거의 1년 동안 서로 대하는 것을 피해왔다. 그것은 1년 전 어느 회의에서 웨스가 업무 일정에 차질을 빚게 된 것은 메리디스의 팀 때문이라고 암시했기 때문이었다. 그들 사이의 긴장감은 야유회 때 더욱 깊어졌다. 그 야유회에서 소프트볼 게임이 있었는데 메리디스와 웨스는 한 팀이었다. 메리디스가 감독을 맡았고 웨스는 선수로 뛰었다. 그런데 승부를 가를 수 있는 결정적인 순간에 웨스가 병살타를 쳤고, 스포츠광이자 승부욕이 강한 메리디스는 웨스 때문에 게임에서 졌다고 생각했다.

복도를 걸어가다가 웨스는 메리디스가 자기 쪽으로 걸어오고 있는 것을 보았다. 메리디스가 웨스를 보고 재빨리 지나치려 하는 순간 웨스가 그녀를 막아섰다.

"잠시만요, 메리디스. 시간을 좀 내줬으면 좋겠는데요."

메리디스는 시계를 쳐다보면서 중얼거리듯 말했다.

"시간이 별로 없어요."

웨스는 서두르지 않았다. 그는 아주 느긋하고 친절한 목소리로 말했다.

"이제야 말하는 건데 당신이 협력업체 사람들을 다루는 방식에 아주 감명받았어요."

"네?"

메리디스는 웨스의 갑작스런 칭찬에 어리둥절해졌다. 그녀는 그 칭찬이 의심스럽다는 표정으로 웨스를 바라보았다. 웨스는 그녀의 표정을 알아챘지만 말을 계속 이었다.

"지난번 주문에 대해서 그 협력업체 사람들하고 의견 충돌이 좀 있었어요. 협상을 해봤는데 별로 성공적이질 못했죠. 하지만 어떻게 했는지 몰라도 당신이 그걸 해냈더군요. 당신이 배송업체와 상대한 이후 물품 인수를 했을 때 처음으로 제시간에 도착했어요! 저는 당신이 해냈다는 사실을 모르고 협력업체 담당자인 루커스 패킹에게 곧장 전화해서 고맙다는 말을 하려고 했어요. 그런데 그는 그렇게 된 것을 자신의 공으로 돌리지 않더군요. 모든 공이 당신에게 있다고 했어요."

메리디스의 얼굴에서는 점점 미소가 번지고 있었다. 그녀는 그렇게 칭찬받는 데 익숙하지 않았지만 이전과 다른 웨스의 태도나 어조에서 그의 칭찬에 진심이 어려 있음을 느낄 수 있었다. 웨스가 말을 이었다.

"존과 얘기해봤나요?"

그녀는 약간 들뜬 목소리로 대답했다.

"그가 가장 사나운 사람이죠. 전 그에게 단도직입적으로 말했어요. '이봐요, 정확한 시간에 주문받은 물건을 배송해주는 업체도 많이 있어요. 그런 업체에 대해서는 감사의 표시로 거래량을 늘려 주죠. 당신은 어떤가요?' 그랬더니 그 사람이 아무 말도 못하더라고요."

메리디스는 조금 전 자신이 바쁘다고 말했던 것을 잊어버리고 느긋하게 태도로 계속 이야기할 태도를 보였다.

"그래서 말인데 당신에게 맡기고 싶은 일이 있어요."

웨스가 다시 진심 어린 어조로 말했다.

"준과 에드문도 협력업체 때문에 힘들어하고 있어요. 누군가 코치해줄 사람이 필요해요. 그들과 함께 일해줄 수 있나요? 당신에게 배울 것이 많을 거예요."

"물론이죠. 문제없이 해결할게요."

메리디스가 밝은 표정으로 대답했다.

사무실로 돌아온 웨스는 의자에 앉아 메리디스와의 대화를 생각하며 신기하고 당황스러워서 고개를 절레절레 흔들었다. '그 몇 분 동안 도대체 무슨 일이 일어난 걸까?' 정말 놀라운 일이 일어난 것이다. 모든 것이 너무 갑작스러웠기 때문에 그도 믿기 어려울 정도였다. 하지만 그때 메리디스의 태도는 분명히 변했고 그의 요청에 협조하려는 의지가 엿보였다. '그녀가 진심이었을까?' 어쨌든 이제 그는 어떻게 처리해야 할지 몰랐던 짐을 벗어 던진 것 같은 기분이 들었다. 생각보다 모든 것이 너무 쉬웠다. 그는 속으로 중얼거렸다. '좋아. 잘 돼가고 있어. 하지만 내일 회의에서는 어떨지 모르겠는걸.'

웨스는 다음 날 오전 시간에 최고 관리자 여섯 명과의 회의를 소집해놓았다. 원래 그 회의의 목적은 사업 아이템을 얻고 고래 반응과 관련된 자신의 생각을 발표하는 것이었다. 하지만 발표 이후의 반응을 상상해보면 마음이 그리 편해지는 않았다.

회의 당일 아침, 웨스는 자신의 사무실에서 나오질 않았다. 그는 계속해서 씨월드에서, 그리고 앤 마리 버틀러의 강연장에서 적은 노트를 들여다보고 있었다. '내가 배운 것을 관리자들에게 말했을 때, 그들은 어떤 반응을 보일까?' 갑자기 공항으로 가는 길에 앤 마리가 자신에게 해주었던 말이 떠올랐다.

'팀의 반응을 예측해보고, 솔직해지세요. 그동안 당신이 너무 부정적이었다는 사실을 인정하고 그걸 바꾸고 싶다고 말하세요. 고래 반응이라는 방법을 공유하면서 그들에게 도움을 청하는 거죠.'

'성공에 대한 기대는 바로 여기에 있는 거야.' 웨스는 중얼거리면서 노트를 덮었다. '만일 이번 일이 성공하면…… 샴, 너에게 내가 한턱 빚진 거다.'

평소와 마찬가지로 웨스가 회의실에 들어가자 관리자들은 하던 말을 멈추고 그가 자리에 앉을 때까지 조용히 있었다. 이런 분위기, 즉 자신과 관리자 사이에 떠도는 거리감이 웨스는 유감스러웠다. 그 분위기는 웨스가 동료였던 하비 미한보다 먼저 승진한 후부터 시작됐다. 항상 그렇듯 지금도 하비는 그의 시선을 피했다. 회의가 시작되자, 곧 준비된 사업 아이템에 대한 의견들이 제시되었다. 제시된 의견들이 어느 정도 정리되자 웨스는 잠시 말을 멈추고 사람들을 둘러봤다. 그러고는 헛기침을 한 다음 어렵게 말을 꺼냈다.

"지금부터 내게는 좀 힘든 얘기를 시작해야겠습니다. 저는 지금까지 여러분이 저와 함께 일하는 걸 힘들어했을 거라고 생각합니다. 저는 이제까지 여러분이 아주 작은 실수라도 하면 실수에 대해서 추궁을 했고, 반대로 일을 잘해냈을 때는 아무런 반응도 없이 넘어갔습니다. 지금까지 한 번도 여러분의 노력에 대해 감사를 표한

적이 없었던 겁니다. 하지만 이제부터는 다를 겁니다. 얼마 전 다녀왔던 출장에서 저는 뜻하지 않은 배움을 얻게 되었고 그 배움은 저를 변화시켰습니다. 그 변화가 여러분의 일에 대한 제 반응에 변화를 줄 수 있기를 진심으로 바랍니다."

어려운 얘기의 시작을 성공적으로 마치고 난 후 웨스는 관리자들에게 씨월드 방문과 데이브 야들리와의 만남, 그리고 앤 마리 버틀러와 보낸 시간에 대해 이야기해주었다. 말하는 중간중간 사람들의 반응을 살펴본 웨스는 그들이 자신의 얘기를 주의 깊게 듣고 있다는 사실을 깨달았다. 얘기가 중반으로 접어들었을 무렵까지는 모든 것이 잘 되어가고 있는 듯했다. 그런데 어느 순간 웨스는 하비 미한이 친구인 거스 술레르모를 쳐다보면서 못마땅한 표정을 짓고 있는 것을 보았다. 웨스는 그 행동의 의미를 분명히 알고 있었다. 하비는 팀 관리자로 승진한 뒤부터 그에 대해 적대적이었기 때문이다. 하비의 행동이 자신의 얘기에 대한 혹평이라는 사실을 분명히 알 수 있었지만, 웨스는 말을 계속 이었다.

"저는 제가 지금까지 사람들을 대할 때 부정적인 것을 항상 강조해왔고, 사람들이 잘한 것보다는 잘못한 점만 캐내고 있었다는 사실을 알게 되었습니다."

그 말을 하고 웨스는 관리자들에게 고래 반응과 뒤통수치기 반응의 차이점을 설명했다. 그리고 이렇게 고백했다.

"여러분도 모두 알다시피 저는 지금까지 뒤통수치는 타입의 관리자였다고 생각합니다. 하지만 지금부터는 고래 반응을 하는 관리자가 되려고 합니다. 그런데 그렇게 하기 위해서는 풀어야 할 문제가 하나 있습니다. 지금까지 여러분을 대해왔던 것과는 완전히 반대되는 행동양식을 가져야 하기 때문입니다. 제 오래된 행동양식을 바꾸기 위해서는 여러분의 협조가 필요합니다."

잠시 동안 침묵이 흘렀다. 사람들은 서로를 확신 없는 눈초리로 쳐다보고 있었다. 그러다 누군가 말을 꺼냈다.

"늦지 않았다면 지금부터라도 제가 도와드리죠."

메리디스였다. 다른 사람들은 메리디스가 그런 말을 하자 모두 의외라는 표정이었다. 왜냐하면 웨스와 메리디스의 지금까지 관계를 고려해보면 오히려 반대 발언이 나와야 했기 때문이다.

"솔직하게 털어놓고 말씀드리죠. 모두들 아시겠지만 지금까지 웨스 씨와 저는 그렇게 좋은 사이가 아니었습니다. 그래서 기회가 생길 때마다 저는 웨스 씨를 피하려고만 했습니다. 하지만 어제 복도에서 웨스 씨는 저와 얘기를 나누려고 노력하더군요. 처음에는 웨스 씨가 저의 잘못을 짚어내려는 거라 생각하고 망설였습니다. 그런데 얘기를 하다 보니 웨스 씨가 진심으로 예전의 모습에서 벗어나 제 일에 대해 칭찬하려 한다는 걸 알게 됐습니다. 웨스 씨는 자신이 하려는 일에 대해 잘 알고 있었고 우리의 배송처로부터 받은 정보를 가지고 긍정적인 피드백을 해주었습니다. 솔직히 정말 기분이 좋더군요."

메리디스는 웨스 쪽으로 고개를 돌리고 말을 계속 이었다.

"우리는 지금 모두 고비를 넘기려 노력하고 있는데 그 노력을 보상이라는 차원에서 생각하고 있지는 않습니다. 그래서 어제 보았던 웨스 씨의 모습은 많은 의미를 가진다고 생각합니다. 웨스 씨가 저에게 말해준 칭찬과 격려는 웨스 씨에 대한 저의 태도는 물론이고 제 일에 대한 태도까지 바꾸었습니다. 오늘 이 자리에서 웨스 씨가 저에게 했던 노력을 여러분 모두에게 다시 행하려 하는 것을 보니 제 능력이 닿는 한 도와드리고 싶군요."

웨스는 회의실을 둘러보았다. 하비는 여전히 빈정대는 듯한 표정으로 거스에게 눈을 굴리고 있었고, 나머지 사람들도 대부분 아직 확신이 없는 듯 보였다. 그러나 용기를 가지고 웨스는 말을 꺼냈다.

"고마워요, 메리디스. 제가 변할 수 있도록 여러분 모두가 도와주셨으면 좋겠습니다. 우선 여러분 모두의 생각을 들려주셨으면 좋겠습니다. 어떻게 하면 제가 여러분의 훌륭한 업무 수행을 알아차리고 가장 의미 있게 그에 보답할 수 있는지 말씀해주시길 바랍니다."

잠시 어색한 침묵이 흐르더니, 처크 윌킨스가 말했다,

"제가 말씀드리죠. 제 어머니는 암으로 돌아가시기 직전 호스피스 병동에 계셨어요. 당시 그곳 병원 사람들은 제 가족에게 정말 잘 대해주었습니다. 그래서 그곳에서 자원봉사로 일하고 싶다는 생각을 했죠. 하지만 우리 아이들이 워낙 운동을 좋아해서 주말에는 도저히 짬을 낼 수가 없더군요. 주중에 일을 마치고 가끔 한두 시간 정도 호스피스 병동에서 일을 할 수 있다면 좋겠습니다."

"그건 충분히 가능한 일인 듯하군요, 처크."

웨스가 미소 지으며 말했다.

"고맙습니다."

처크 외에 두 명 정도가 의견을 더 내놓았고 나머지 사람들은 그저 아무 말도 없이 앉아 있었다. 회의가 끝날 무렵 웨스는 사람들이 자신의 말을 진심으로 받아들이고 있지 않다는 사실을 깨달았다.

"여러분 모두 제가 한 말을 비판적으로 듣고 있는 것 같군요."

웨스가 분위기를 살피며 다시 말했다.

"지금까지 제가 한 행동을 생각한다면 그렇게 받아들이는 것도 당연하다고 생각합니다. 하지만 저는 여전히 의심스러운 마음을 갖고 있는 여러분 모두가 저의 코치가 되어줄 수 있다고 생각합니다. 언제든 제가 예전의 부정적인 것을 강조하는 뒤통수치기 행동을 저지른다면 제게 말씀해주시고 일깨워주시길 바랍니다."

회의가 끝나고 사람들은 삼삼오오 짝을 지어 나가면서 끊임없이 얘기하고 있었다. 웨스는 그들이 휴게실이나 외부 주차장에 모여 많은 얘기를 나눌 거라고 예상할 수 있었다. 사무실로 돌아온 웨스는 지금의 상황을 정리하기 위해 앤 마리 버틀러에게 전화를 했다. 통화가 안 될지도 모른다는 걱정이 앞섰지만 다행스럽게도 그녀는 바로 전화를 받았다.

"앤 마리 씨? 안녕하세요. 웨스 킹슬리입니다. 당신 목소리를 들으니 정말 반갑군요!"

웨스가 인사를 마치자 앤 마리의 활기찬 목소리가 수화기를 타고 전해졌다.

"웨스 씨! 이렇게 전화해주다니, 정말 반가워요. 오늘 좋은 일이 있었나요?"

웨스는 곧장 앤 마리에게 어제 있었던 메리디스와의 만남과 오늘 회의에서 일어났던 일에 대해 말해주었다.

"그런데 다들 얘기를 듣고 있는 것 같긴 했지만 대부분 추이를 지켜보겠다는 입장인 것 같았어요."

"그건 괜찮아요, 웨스 씨. 시작이 좋았어요."

앤 마리가 위로의 말을 건넸다.

"고마워요. 아직 제 자신에 대해서 회의감이 가시지 않았는데 당신이 그렇게 격려해주시니 많은 도움이 되는군요. 강연장에서 당신이 나눠주었던 그 작은 범고래상을 한 상자만 주문하고 싶은데요. 그걸 우리 직원들과 아이들에게 주고 싶습니다."

웨스는 앤 마리에게 자신의 주소를 알려주었다.

"좋아요, 웨스 씨. 이제 첫걸음을 뗀 거예요. 앞으로 저에게 당신이 해나가는 과정을 꼭 알려주세요. 그리고 사람들이 일을 잘해나가는 것을 많이 발견해가면서 즐거움을 얻도록 노력하는 것도 잊지 마시고요."

일은 보상보다 재미가 더 중요하다

플로리다에서 돌아오자마자 웨스는 데이브 야들리와 앤 마리 버틀러로부터 배운 것을 아내 조이를 포함한 자신의 가족들에게도 실천하려고 노력했다. 하지만 아내는 자신의 얘기를 듣고 싶어 하지 않아 보였다. 최근 들어 둘의 관계에서는 긴장감이 흘렀다. 웨스는 아내가 부정적인 면에 초점을 맞추고 그의 잘못을 잡아내는 데 열심이라는 것을 느꼈다. 그가 집에 늦게 들어갈 때마다 아내는 불평을 늘어놓았는데, 웨스로서는 결코 유쾌한 일이 아니었다. 그래서 그는 자신이 새로이 알게 된 지식을 아내보다는 회사 동료들에게 먼저 알려주기로 결정한 것이다.

그러던 어느 날 퇴근해 집에 돌아온 웨스는 우연히 아내에게 새로운 깨달음을 전달할 수 있는 기회를 갖게 되었다. 웨스가 집에 들어섰을 때 아내가 열네 살 된 딸아이 앨리와 다투고 있는 소리가 들렸다.

"이젠 정말 신물이 난다!"

조이가 소리쳤다.

"매일 직장에서 파김치가 돼서 돌아오면 항상 부엌은 이렇게 어질러져 있고……. 너랑 네 친구들은 왜 간식을 만들어 먹을 때마다 부엌을 이렇게 엉망으로 만들어놓고 치우지도 않니? 앞으로 한 번만 더 내가 저녁 준비하기 전에 부엌을 치워야 하게 된다면 저녁은 없을 줄 알아!"

앨리는 상처받은 표정을 지으며 2층으로 뛰어 올라갔다. 그제야 조이는 남편을 보았으나 앨리에게 너무나 화가 난 상태라 남편을 보고도 별말이 없었다. 대신 조이는 남편에게 다가와 울음을 터뜨렸다. 웨스는 그녀가 진정할 때까지 가만히 안아주었다가 말을 꺼냈다.

"지금까지 집에서 힘들었다는 거 알아. 나도 앨리 때문에 힘들었지. 아이들은 자주 싸우고 당신과 나는 항상 서로 신경을 자극하곤 했지. 내 생각에는 이제 주말에 휴가를 받아서 플로리다에 다녀와야 할 때가 된 것 같아."

"플로리다요? 거기에 뭐가 있는데요?"

"범고래."

웨스가 웃으면서 대답했다.

몇 주 후, 웨스와 그의 가족은 올랜도행 비행기를 타고 있었다. 앨리는 엄마와 싸운 이후로 항상 우울한 모습이었다. 동생 메그가 앨리 옆에서 까불고 장난치고 있는 동안 앨리는 자리에 앉아 창 밖만 물끄러미 바라보고 있었다. 마침내 앨리가 입을 열었다.

"이번 휴가는 정말 꽝일 거야. 엄마는 분명히 내가 어딜 가거나 놀지도 못하게 할 거라고."

메그는 누나의 기분을 즐겁게 해주려고 노력했다.

"아빠가 그러는데 범고래 쇼가 정말 멋있대!"

"참도 근사하겠다!"

앨리는 눈을 동그랗게 뜨고 불평했다.

"아쿠아리움이라면 벌써 가봤어. 이번 여행은 별로 기대할 게 없어."

그러나 앨리의 불평과 달리 웨스의 가족들은 씨월드의 범고래 쇼에 완전히 매료되었다. 쇼가 시작되기 전에 앨리는 침울한 얼굴로 기운 없이 앉아 있었지만, 범고래들이 쇼를 시작하자 완전히 매료되고 말았다. 쇼가 끝나자 앨리의 입에서는 절로 감탄사가 나왔다.

"정말 멋졌어!"

스타디움에서 나온 웨스는 데이브 야들리가 열어놓은 문을 통해 아내와 아이들을 무대 뒤편으로 데리고 갔다. 웨스는 데이브를 보고 반갑게 인사를 했다. 웨스가 데이브에게 가족들을 소개하고 나자 데이브는 그들을 범고래 훈련장으로 안내했다. 젊고 매력적인 여성 조련사가 검은색 잠수복을 입고 풀장 가장자리에 무릎을 꿇고 앉아 범고래의 등을 쓰다듬어주고 있었다.

"이쪽은 팜 드리스콜입니다."

데이브가 그녀를 소개했다. 팜이 수신호를 보내자 거대한 범고래는 서서히 몸을 뒤집었고, 그녀는 고래의 하얀 가슴 부분을 쓰다듬어주었다.

"와우!"

앨리가 탄성을 질렀다.

"저도 집에서 우리 강아지에게 저렇게 해줘요. 저 고래는 애완용인가요?"

"그렇지는 않아."

팜이 대답했다.

"내 친구란다. 우린 서로 같이 있는 걸 좋아하지."

"어떻게 이렇게 원하는 것을 하게 만들 수 있죠?"

조이가 참았던 질문을 했다.

"제 생각으론 벌이나 겁을 준다고 해서 말을 들을 것 같진 않은데요."

"물론이죠."

데이브가 웃으면서 대답했다.

"범고래는 어떤 해양 동물이든 먹어치울 수 있거든요. 우리는 그와 같은 사실을 강아지 조련사들에게 들려주곤 하죠. 그들 중 몇몇은 강아지들을 훈련시킬 때 혼내거나 소리를 지르곤 하죠. 개목걸이를 사용해 때리기도 합니다. 그런 종류의 처벌에 대해서 그들이 떠들어대면 전 이렇게 말하죠. '당신 강아지가 범고래 샴처럼 무게가 1만 1,000파운드나 나간다면 어떻게 다루겠어요? 목줄을 사용하거나 때릴 겁니까? 그렇게 할 것 같지는 않은데요?'라고 말이죠."

"그래요. 그러진 못하겠죠."

조이가 동의하자 데이브가 설명을 덧붙였다.

"만일 이 범고래들과 우정을 형성하지 못하고 부정적인 태도를 보인다면 아마 범고래들은 우리가 싫다는 반응을 바로 그 자리에서 보일 겁니다."

"그럼 그런 반응을 어떻게 피할 수 있죠?"

궁금해진 조이가 묻자 데이브가 설명했다.

"간단합니다. 부정적인 것에 초점을 맞추는 대신에 잘한 일에 주의를 기울이는 거죠. 우리는 항상 범고래들이 잘한 일을 발견하려고 노력합니다."

기회를 틈타 앨리가 끼어들었다.

"저도 엄마 아빠가 동생과 제가 저지른 실수보다는 잘한 일에 대해 알아줬으면 좋겠어요!"

 딸의 지적에 약간의 창피함을 느낀 웨스는 재빨리 변명하려다가 그만두었다. 대신 데이브를 돌아보며 말했다.

 "저와 아내에게 범고래 훈련 방법을 좀 더 알려줄 시간이 있나요?"

 데이브는 웨스의 제의에 흔쾌히 응했다. 또 팜은 메그와 앨리가 씨월드를 둘러보고 싶어 하는 것을 알아채고 아이들에게 씨월드를 구경시켜주겠다고 했다. 사무실로 돌아가는 길에 웨스는 데이브에게 앤 마리 버틀러와 만났던 일, 직장에서 부하직원들과의 관계를 개선시키기 위해 노력한 일에 대해서 들려줬다.

 "아내와 저는 이번 여행에서 우리 아이들과의 관계를 개선시킬 수 있기를 바라요."

 그들은 훈련실에서 조금 떨어져 있는 사무실로 들어갔다.

 "이곳이 바로 우리 스태프들과 방문객을 대상으로 세미나와 회의를 여는 곳이죠."

 데이브가 설명했다. 편안해 보이는 의자에 앉은 후 조이가 입을 열었다.

"화제를 다른 곳으로 돌리고 싶은 건 아니지만…… 데이브 씨, 남편이 '우리'라고 표현했지만 실제로 제 남편은 아이들 양육 문제와 관련해서 진심으로 심각하게 생각하지 않는 것 같아요."

"왜 그렇게 생각하시죠?"

"남편은 거의 집에 없기 때문이죠. 우리는 둘 다 일을 하는데 남편은 자주 회사에 늦게까지 남아 있곤 해요. 저는 시간제로 아이들을 가르치는 일을 하기 때문에 우리 아이들이 집에 올 때쯤 퇴근해 있죠. 그래서 아이들 뒤치다꺼리의 99퍼센트가 저한테 떨어져요. 자질구레한 집안일에, 아이들 숙제에, 아이들 싸움까지 신경 써야 해요."

웨스는 부끄러움에 얼굴이 붉어지는 것을 느꼈다. 그는 아내가 데이브에게 자신들의 문제를 이렇게까지 털어놓는 것이 믿어지지 않았다. 웨스의 불편한 심기를 느끼고 데이브가 말했다.

"다른 사람의 집안일에 관여하고 싶지는 않지만 조이 씨, 어쨌든 핵심은 남편께서 집에 있는 시간이 너무 적다고 생각하시는 거죠?"

"바로 그거예요!"

"그럼 제가 한 가지 여쭤봐도 될까요? 남편께서 집에 늦게 들어왔을 때 어떻게 하시나요?"

"무슨 말씀이시죠?"

"남편께서 집에 늦게 들어왔을 때, 그 때문에 남편분과 다투신 적이 있나요?"

"바로 그거예요. 아내는 화부터 내죠."

웨스는 무심결에 변명조로 말했다.

"좋아요. 그럼 그 문제를 범고래 조련사 입장에서 말씀드리도록 하죠. 우선 우리 조련사들은 범고래가 우리가 원하는 것을 하도록 만들기 위해서 칭찬부터 한다는 사실을 말씀드리고 싶습니다."

조이는 갑자기 화가 난 듯 말했다.

"그럼 남편이 늦게 들어와도 칭찬하고 추켜세워주라는 말씀이신가요?"

"범고래와의 성공적인 관계는 아주 조금씩 진전됩니다."

데이브는 차분한 어조로 설명을 이어갔다.

"칭찬해주지 않으면서 우리가 원하는 것을 범고래가 하기를 바랄 수는 없는 일이죠."

"과정을 칭찬해야 해. 과정은 움직이는 칭찬의 목표야."

웨스가 데이브의 말에 덧붙이며 끼어들었다. 그는 자신이 노트에 적었던 말들에 대한 기억을 되살리면서 조이에게 말했다.

"이렇게 말해서 당신에게 정말 미안하지만 회사에서 퇴근해 집으로 갈 때마다 꼭 지옥을 빠져나와 화염 속으로 뛰어드는 기분이 든다고. 만약 당신이 데이브 씨가 말한 대로 해준다면 나도 회사에서 일찍 퇴근해 빨리 집에 오고 싶은 기분이 들 것 같아."

"정말 그럴까요?"

조이는 생각에 잠겨 조용한 목소리로 말했다.

"너무 심각하게 생각하진 마세요, 조이 씨."

데이브가 조이를 안정시키며 말했다.

"대부분의 사람들에게는 뒤통수치기 반응이 고래 반응보다 쉽게 느껴지니까요."

한편 팜은 앨리와 메그에게 범고래들을 보여주면서 그들을 훈련하는 데 고래 반응이 어떻게 사용되는지 가르쳐주었다. 그들은 또 돌고래들이 풀장에서 점프하며 놀고 있는 모습을 충분히 보고 난 후 웨스와 조이가 있는 곳으로 돌아가기로 했다. 팜은 돌아가는 길에 아이들과 얘기를 나눴다.

"자, 오늘 어떤 것을 배웠지?"

"동물들에게 항상 친절하게 대하라는 거요."

메그가 또박또박한 목소리로 대답했다.

"특히 동물들이 착하게 굴었을 때 칭찬을 많이 해야 해요."

"좋아. 그럼, 동물들이 착하게 굴지 않을 때는 어떻게 해야 하지?"

"그럴 때는 그런 행동을 못 본 척해야 한다고 했어요."

앨리는 대답을 하면서도 아직 그 말이 무엇을 의미하는지 이해하지 못하겠다는 표정이었다.

"맞았어. 잘 알고 있구나."

팜이 칭찬해주었다.

"만약 동물들이 잘못된 행동을 했는데 그 행동에 대해 관심을 갖는다면 그 행동을 계속해서 하게 될 거야."

"하지만 잘못된 행동을 못 본 척하고 넘어가기는 정말로 힘들다고요!"

앨리가 반박했다.

"만약 동생이 제 방에 와서 컴퓨터를 엉망으로 만들어놓고 있다고 생각해보세요. 그걸 그냥 못 본 척해야 한다는 말씀이신가요?"

팜은 미소를 지었다.

"아니, 그렇게 할 수는 없겠지. 하지만 그냥 화만 내는 건 맞지 않아. 너희 둘이 상의해서 컴퓨터를 쓰는 데 몇 가지 규칙을 정할 수도 있잖아. 동생이 컴퓨터를 사용하는 건 괜찮니?"

"네."

앨리는 대답은 했지만 달갑지 않다는 말투였다.

"하지만 제가 없을 때만요. 그리고 중요한 숙제를 해야 할 때도 빼고요."

"좋아. 그렇다면 네가 필요할 때 방해가 되지 않는 범위에서 동생이 컴퓨터를 사용할 수 있도록 해주렴. 그럼 이제 우리가 샴과 다른 고래들을 훈련시킬 때 사용하는 비밀을 너희에게 알려줄게. 우리는 고래들이 일을 잘해냈을 때 상을 준단다. 예를 들어 앨리 너는 동생이 규칙을 잘 지키는지 보고 있다가, 그 규칙을 잘 지키는 걸 알았을 때 고래 반응으로 이렇게 말해주는 거야. '메그, 네가 우리 규칙을 잘 지켜줘서 정말 기분이 좋아. 그래서 오늘은 내가 네 대신 설거지를 해줄게'라고."

"저도 그게 친절하다는 건 알지만, 그렇게 하는 것이 어떤 도움이 되는 거죠?"

앨리가 설거지라는 말에 얼굴을 찌푸리면서 물었다.

"내가 대답해도 돼?"

메그가 꼭 교실에서 대답하는 학생처럼 손을 번쩍 들어올리며 말했다.

"그렇게 되면 나는 앞으로도 계속 그 규칙을 지키고 싶어 할 거야."

"그래? 그렇다면 그렇게 하는 것도 괜찮을 것 같아."

앨리가 결론을 내리듯 말했다.

"저도 앞으로는 긍정적인 것에 관심을 가질 거예요."

메그가 덧붙였다.

"제 친구 시시 로렌스가 요즘에 진짜 거만하게 굴거든요. 하지만 이제 그 아이랑 함께할 수 있는 방법을 찾은 것 같아요."

"어떻게 하려고?"

팜이 진지한 표정으로 물었다.

"잘 살펴봤다가 착하게 굴 때, 웃으면서 고맙다고 하는 거예요. 그 애가 착하게 구는 걸 알아차려줄 거예요."

앨리는 동생의 어깨를 두드리면서 자랑스럽게 말했다.

"동생은 가끔 정말 똑똑하다니까요."

조이는 웨스, 데이브와 함께 사무실에 있는 동안 데이브로부터 자신과 남편의 관계를 개선시킬 수 있는 방법에 대해 배우는 것이 별로 내키지 않았다. 특히 남편을 원하는 방향으로 변화시키기 위해서는 자신의 행동을 변화시켜야 한다는 데이브의 조언이 꺼림칙했다. 그녀는 자신이 먼저 변해야 한다는 생각이 불편했던 것이다. 하지만 그녀의 감정과는 별도로 그녀의 이성은 지금 아주 중요한 메시지를 배우고 있다고 생각했다. 그래서 그녀는 참을성을 가지고 다시 대화를 시작했다.

"그래서 좋은 관계를 유지시켜나가기 위한 핵심은 고래든 제 남편이든 아이들이든, 긍정적인 면에 초점을 맞추라는 말씀이시죠?"

"정확합니다."

데이브가 대답했다.

"그건 그냥 잘 대해주는 것과는 다른 겁니다. 결과를 이끌어내는 일과 관련되기 때문입니다. 여기 씨월드에서는 긍정적인 면에 초점을 맞췄을 때 어떠한 결과가 나올지 잘 알고 있습니다. 그래서 보다 적극적으로 행동하고 있는 거죠. 우리는 동물들과 일을 잘해나가기 위해 단순히 우리가 원하는 행동에 대한 긍정적인 동기화에 초점을 맞추는 데서 나아가 신뢰를 쌓고 재미있는 분위기를 만들어나가고자 노력합니다. 우리 쇼를 본 사람들은 이곳에서 실제로 긍정적인 에너지가 분출하는 걸 느낀다고 말하곤 하죠. 하지만 그렇게 말하는 사람들조차도 고래들이 그렇게 이해가 빠른 동물이라는 사실을 믿으려 하지 않습니다. 더욱 놀라운 것은 관객들은 우리 스태프들이 대단히 협동적이고 활기에 넘친다는 사실을 인정하면서도 협동과 활기가 어떻게 연결될 수 있는지 알지 못한다는 거죠. 사람들은 이곳의 사기가 우연히 높아졌다고 생각합니다. 우리 스태프들이 고래에게 적용하는 것과 똑같은 원칙을 서로에게 적용하고 있다는 사실을 모르고 있는 겁니다. 보상은 중요한 것이 아닙니다. 중요한 것은 신뢰와 재미입니다. 재미가 없다면, 그러니까 고래가 즐겁지 않고 우리의 관객들이 즐겁지 않다면 아무런 의미가 없는 거죠."

데이브의 설명을 경청하던 조이가 말했다.

"이 여행을 준비하면서 남편은 저에게 '잘한 일을 알아준다'는 고래 반응의 중요성에 대해 말한 적이 있어요. 그리고 고래가 원치 않은 행동을 했을 때는 못 본 척 넘어가고 고래의 에너지를 다른 행동으로 전환시켜서 긍정적 반응을 얻을 수 있도록 도와주어야 한다고 했죠. 하지만 좀 의문이 생기더군요. 동물들의 경우에는 그런 대로 이해가 되는데, 사람의 경우에는 약간 힘들지 않을까요?"

"물론입니다. 힘든 일이죠. 그런데 사람들이기 때문에 힘든 것이 아니라 잘못된 일에 초점을 맞추는 데 우리가 익숙해져 있기 때문에 힘든 겁니다. 사람들은 대부분 부정적인 행동에 집중하고, 거기에 관심을 기울일 만한 가치가 더 있다고 생각하죠. 그래서 긍정적 반응을 하거나 전환 반응을 하기가 어렵게 느껴지는 겁니다. 게다가 한두 번 일을 망쳐본 사람들은 주변의 누군가가 자신의 실수를 항상 주목하고 있는 건 아닌가 하고 생각하게 되죠. 그걸 '자기 달성적 기대'라고 하는데 그렇게 되면 일하기가 더욱 힘들어지죠."

"최근의 딸아이에 대해 생각해보니 그런 것 같군요. 특히 제가 피곤할 때 저는 딸아이의 잘못된 행동에 주목하게 됐고 그 때문에 애가 더 스트레스를 받곤 했죠."

조이는 요즘 들어 더욱 악화되고 있는 자신과 딸아이의 갈등 상황을 떠올리며 말했다.

"피곤할 때는 전환 반응 방식을 사용하는 것이 좋습니다. 일단 시작하고 나면 어느 순간 평소에 많이 사용하던 부정적 반응보다 전환 반응을 더 많이 사용하는 자신을 발견하게 될 겁니다. 그렇게 되면 다른 사람의 노력을 새로운 방법으로 관찰할 수 있게 되고, 당신은 그 새로운 노력에 따른 긍정적인 면을 어떻게 하면 더 빨리 강화시킬 수 있는가를 고민하게 될 겁니다. 그리고 그 노력을 새로운 방향으로 진전시키려 하겠죠. 그래서 어느 정도 시간이 지나고 나면 그 사람은 여전히 높은 기준을 요구받고 있기는 하지만 좀 더 정중하고 공평하게 대접받고 있다고 생각할 겁니다."

데이브는 잠시 설명을 멈추고 조이의 눈을 쳐다보다가 다시 말을 이었다.

"고래 반응을 실천하는 데 있어 잘못된 행동을 못 본 척하라는 것은 잘못한 일에 대해 과도하게 조사하거나 주의를 기울이지 말라는 겁니다. 대부분의 사람들은 다른 사람의 잘못된 행동에 대해 마치 죄수가 탈옥하려 할 때 탐조등을 비추듯 집중하고 있어요."

"말씀해주신 바는 잘 알겠어요. 어쨌든 고래 반응이라는 것은 우리의 일반적인 행동과 다른 것 같군요."

조이는 차츰 이성적으로뿐만 아니라 진심으로 데이브의 말에 동의하고 있었다.

"이제 고래 반응을 왜 해야 하는지 알겠어요. 타이밍이 중요한 것이군요. 좋은 행동에 대해 보상을 하려면 항상 신경을 바짝 세우고 있어야겠네요. 특히 아이들에게는 말이죠. 이 기법을 엄마 입장에서 사용할 수 있는 뭔가 또 다른 방법은 없나요?"

"엄마 입장에서는 잘 모르겠고 아빠 입장에서는 드릴 말씀이 있군요."

데이브가 웃으면서 말했다.

"저에게는 쌍둥이 아이들이 있어요. 냇과 레이드라고 하죠. 저는 그 쌍둥이가 태어나기 전에 이미 수년 동안 고래들과 함께했죠. 그래서 아이들이 태어났을 때 제 아내인 헬런과 함께 고래 반응을 적용해보기로 했습니다. 먼저 다른 부모들이 아이들을 어떻게 다루는지 관찰했어요. 다른 부모들은 대부분 아이들이 착하게 굴 때 안심하더군요. 아기인 경우에는 울지 않을 때, 어린아이들인 경우에는 예의 바르게 행동할 때죠. 10대인 경우에는 문제를 일으키지 않을 때고요. 그래서 아내와 저는 부모의 역할에 대해 고민하고 보다 혁신적인 행동을 하기로 했습니다. 우린 쌍둥이가 아기였을 때는 웃고 있거나 잘 놀고 있을 때만 함께 놀아줬죠. 아기들이 울 때는 기저귀가 젖은 건 아닌지, 배가 고픈 건 아닌지만 확인하고 크게 주의를 기울이지 않았습니다. 그러다 다시 아이들이 울음을 그치면 안아주고 놀아줬죠. 아이들이 좀 더 커서 버릇없이 굴 때는 그냥 못 본 척하고 그 아이들의 행동을 전환시켜주었죠. 외식을 한다든가, 비디오를 함께 본다든가, 공원에 가서 함께 산책을 한다든가 했죠. 항상 긍정적인 경험을 할 수 있도록 해주고, 그에 따라 긍정적으로 행동하길 기대한 겁니다. 잘못된 일이 생기기를 기다리는 대신 잘하고 있을 때 주의를 기울여준 것이죠."

웨스와 조이는 데이브의 얘기에 점점 더 집중하고 있었다.

"아이들이 더 자랐을 때, 우리는 우리가 원하는 것과 아이들이 바라는 것을 조화시키기 위해 좀 더 적극적으로 행동했습니다. 우리 부부는 아이들에게 집안일을 돕거나, 학교에서 잘하거나, 혹은 방을 청소하거나, 어른들과 친구들에게 친절하게 대하기 같은 목표를 세워줬어요. 그리고 나서 아이들을 자세히 관찰하고 잘했을 때는 칭찬해줬습니다. 그러나 해야 할 일을 못하거나 안 했을 경우에는 그것을 지적하기보다 서로 합의했던 목표로 다시 돌아가 그 목표에 초점을 맞추도록 도와줬지요. 그래서 우리 아이들은 일을 잘했을 때 좋은 일이 생기는 환경 속에서 자라게 되었어요. 이 모두는 저와 제 아내가 해낸 것이 아니라 고래로부터의 가르침이 있었기에 가능했던 겁니다."

데이브가 잠시 말을 멈추었고, 그동안 웨스와 그의 아내는 두 아이를 키워왔던 지난 시절을 떠올렸다. 이윽고 데이브가 다시 말을 이었다.

"가끔 친구들이 자신의 아이들을 서로 비교하는 얘기를 듣게 됩니다. 예를 들어 '언니인 샐리는 모든 일을 다 잘해내는데, 동생인 베시는 잘하는 일이 하나도 없어. 자기 언니를 좀 본받으면 좋을 텐데'라고 얘기합니다. 그런 친구들은 자신이 자녀들에게 각각 다른 동기부여 방식을 사용하고 있다는 사실을 알지 못하는 것 같아요. 다시 말해 샐리에게는 고래 반응 방식을 사용하면서, 베시에게는 뒤통수치기 반응 방식을 사용하고 있는 겁니다. 그 친구에게 베시에게도 긍정적인 면을 강조해주라고 하면 오히려 이렇게 말해요.

'하지만 그 애는 칭찬해줄 만큼 잘하는 게 하나도 없는 걸.' 무슨 말인지 아시겠죠? 그런 부모들은 선입견이라는 덫에 갇혀 있는 겁니다. 그 덫에서 빠져나오는 길은 베시가 조금이라도 잘하는 일을 관찰하는 방법밖에 없어요. 아무리 사소한 거라도 좋습니다. 일찍 일어났다든가, 방 청소를 했다든가, 언니와 잘 지냈다든가 하는 일이 있으면 즉시 칭찬을 해주어야 합니다. 그러나 불행하게도 많은 아이들이 칭찬받는 형제자매와의 비교를 통해서만 부모의 관심을 받을 수 있다는 걸 배우게 됩니다. 아이들 모두에게 고래 반응을 해야 합니다. 그러지 않으면 균형이 무너지죠. 전환 반응과 사소한 일에 대한 고래 반응이 아이들의 잘못된 행동을 고쳐나갈 수 있는 유일한 방법이라는 걸 부모들은 알아야 합니다. 지속적으로 아이들이 잘한 행동을 알아준다면 장기적으로는 행복한 가정이 만들어지겠죠."

데이브의 긴 설명이 끝나자 조이가 동의했다.

"정말 해볼 만한 가치가 있는 일이라 생각되네요."

"아이들뿐만이 아닙니다. 인간은 기본적으로 다른 사람들로부터 인정받기를 바랍니다. 아이들이든 동물이든, 또는 직장인이든 모두 마찬가지죠. 사람들이 잘하는 일에 대해 계속해서 관심을 갖고 사소한 일이라도 그들이 최선을 다한 것으로 생각해야 합니다. 그렇게 얼마간 지속되면 사람들은 그 긍정적인 관심을 즐기게 돼요. 긍정적인 관심을 즐기게 된다는 건 성공하고 성취하는 것을 즐기게 된다는 뜻이기도 합니다."

"고래 반응 전략이 이 씨월드 사람들에게도 적용된 적이 있나요?"

구체적으로 어떻게 해야 고래 반응 전략을 자신의 직장에 적용할 수 있을 것인지 고민하던 웨스가 물었다.

"정말 좋은 질문입니다. 그렇지 않아도 그 얘기를 해드리려고 했어요. 어거스트 부시 3세에 관해 얘기해드리죠. 그는 씨월드의 경영자였답니다. 그가 경영자였을 때 그는 어느 때고 말도 없이 아무 장소에나 나타나곤 했습니다. 직원들은 그의 그런 행동을 '방랑'이라고 불렀어요. 그는 사전 통고도 없는 방랑을 통해 어떤 장소에 불쑥 나타나 칭찬과 격려를 해주곤 했죠."

"하지만 그런 방식은 사람들을 불안하게 만들 수도 있지 않나요?"

"그럴 수도 있었겠죠. 하지만 두 가지 이유로 그렇지 않았습니다. 우선 그는 돌아다니면서 만나는 사람들을 놀라울 정도로 정확히 기억해두었습니다. 사무직원이든 청소부든 조련사든, 직급과 직책과 맡은 업무에 상관없이 다가가 인사를 하고 격려해주었습니다. 두 번째로 그의 방랑은 항상 감시가 아닌 칭찬과 격려 차원이었다는 점입니다. 그는 방랑을 하면서 마음에 쏙 드는 장면이나 사람을 대하게 되면 그에 대한 보상으로 직원들 모두에게 보너스로 50달러를 주었습니다."

웨스는 그 말을 믿을 수가 없었다.

"전 직원에게요? 잠깐만요, 직원 수가 적지 않을 텐데……"

"거의 2,000명이나 되죠."

데이브가 미소 지으며 대답했다.

"비록 불규칙적이긴 했지만 그 보상 시스템은 굉장히 잘 운영됐습니다. 방랑을 마치고 나면 부시는 개선이 필요한 사항을 정리해놓았고 그에 맞춰 관리자들을 배치했습니다. 그리고 다음 방랑 때 자신이 제안한 개선 사항이 제대로 실행되었으면 다시 보너스를 지급했습니다. 물론 제안대로 되지 않았을 때는 보상이 없었고요."

"모든 사람들이 재빨리 움직였겠군요."

조이가 부시의 방랑을 상상하며 말했다.

"물론이죠. 하지만 부시는 자신이 마음씨 좋은 사람이라는 걸 보여주기 위해 그렇게 한 건 아닙니다. 단지 자기 나름대로 정해놓은 고래 반응 방식이 옳은 것이라 확신했던 거죠. 그 방식은 모든 사람들이 자신의 중요성을 깨닫도록 만들었고 계속해서 자신의 일을 개선해나갈 수 있도록 동기부여를 해준 겁니다."

이야기가 거의 끝나갈 무렵 아이들이 팜과 함께 돌아왔다.

"엄마 아빠, 여기 진짜 멋져요! 정말 오길 잘했어요."

앨리가 웨스와 조이를 보고 소리쳤다. 가족들은 데이브와 팜에게 고맙다는 말과 함께 작별 인사를 하고 풀장 가장자리를 따라 걸어 나왔다. 거대한 범고래가 그들에게 헤엄쳐 다가왔다.

"잘 있어, 샴."

메그가 인사를 하며 고래에게 키스를 했다.

"넌 정말 좋은 선생님이야!"

첫사랑을 대하듯 다른 사람을 대한다

플로리다에서 돌아오자 웨스와 조이는 바로 가족회의를 열었다. 씨월드에서 배운 것을 자신들의 가족생활에 적용하기 위해서였다. 가족회의가 있던 날 저녁식사에서 조이는 딸과 아들이 좋아하는 음식을 준비했고, 식사가 끝나자 가족 모두가 거실에 모여 디저트를 먹으면서 이야기를 주고받았다. 웨스가 먼저 말을 꺼냈다.

"너희가 우리와 함께 씨월드에 가서 범고래를 훈련시키는 방법을 배운 것에 대해 엄마와 아빠는 정말 기쁘게 생각한단다. 팜이 너희에게 조련사들이 사용하는 고래 반응에 대해 가르쳐줬다고 했지? 그래, 어떤 것을 배웠니?"

메그가 먼저 씨월드에서 보냈던 재미났던 일들을 떠올리며 대답했다.

"저는 고래가 잘못하는 일 대신 잘하는 일에 관심을 보여줘야 한다는 걸 배웠어요."

메그가 말을 마치자 앨리가 덧붙였다.

"자기가 원하는 행동에 대해서 관심을 가지고 있으면 더 많은 것을 얻을 수 있다는 것을 알았어요."

웨스는 두 아이의 명확한 대답에 흐뭇했다.

"바로 맞혔구나. 너희 생각에는 고래 반응 방식을 집에서도 사용해보는 게 좋을 것 같니? 엄마와 아빠는 이제까지 그렇게 못한 것 같구나. 우리는 지금까지 너희가 잘한 일보다는 잘못한 일에 초점을 맞추고 있었어."

"저희도 그렇게 생각해요."

앨리가 귀여운 미소를 지으며 대답했다.

"좋아, 그건 우리가 잘못했어. 엄마와 아빠는 앞으로 너희를 더 잘 대해주고 싶다. 그런데 우리도 노력하겠지만 너희도 함께 노력했으면 좋겠구나. 너희가 옆에서 도와준다면 엄마와 아빠도 더욱 잘할 수 있을 거야."

웨스는 아이들이 노력할 것이 무엇인지 말하려고 했지만 눈치 빠른 메그가 먼저 말을 꺼냈다.

"전 방을 항상 깨끗하게 할게요. 그러면 엄마 아빠는 저를 혼내기 위해 큰 소리를 내지 않아도 되겠죠?"

"저도 그럴게요."

앨리도 대답했다.

"특히 친구들하고 간식을 만들어 먹은 다음에는 부엌을 깨끗하게 치워놓을게요."

"그럼 정말 고맙겠다."

흐뭇한 미소를 지으며 조이가 말했다.

"아빠랑 나도 너희가 집안일을 조금이라도 잘했을 때는 칭찬할 수 있도록 곁에서 열심히 지켜보고 있을게."

단란해 보이는 가족의 모습에 웨스는 고무되었다. 그래서 즉시 다른 제안을 내놓았다.

"일을 잘한 것에 대한 보상이 있어야 하지 않을까? 음……식사 준비를 도운 사람에게 설거지를 면제해주면 어떨까?"

"정말 좋은 생각이네요."

조이가 동의했다.

"그럼 동생과 제가 가끔 저녁을 준비하면……."

앨리가 말 뒤끝을 흐렸다.

"그럼 너희는 설거지를 하지 않아도 되고 대신 엄마나 아빠가 설거지를 하는 거야."

"좋아요."

"한 가지 더 부탁이 있는데……."

"말씀해보세요."

"난 토요일 아침이 정말 힘들단다. 1주일 내내 집 안에 쌓인 먼지를 털어내야 하거든. 지금까지는 보통 내가 혼자 했는데 누군가가 도와줬으면 좋겠다."

"백설공주 놀이를 같이하면 어때요?"

메그가 밝은 표정으로 물었다. 조이는 처음에 무슨 뜻인지 몰라 어리둥절했다. 그러자 메그가 설명했다.

"매주 토요일마다 한 시간씩 엄마는 백설공주가 되고, 다른 사람은 모두 일곱 난쟁이가 되는 거예요! 불쌍한 백설공주를 일곱 난쟁이가 돕는 거죠."

"그런데 청소하는 동안 휘파람을 불어도 되나요?"

앨리가 신난다는 듯이 말했다.

"넌 그럼피가 되고 싶은 모양이구나."

조이가 머릿속으로 일곱 난쟁이 중 한 명인 그럼피를 그려보며 말했다. 앨리는 소리내어 웃더니 말했다.

"메리 포핀스(영국의 여성 아동문학가인 파멜라 린던 트래버스의 소설 『메리 포핀스』의 주인공. 이 책으로 메리라는 이름은 아이를 잘 돌보는 보모의 대명사가 되었다)가 나타나서 지저분한 모든 것을 청소해줄 수는 없겠죠?"

"그건 불가능할 것 같구나."

조이가 미소 지으며 대답했다.

"하지만 청소가 끝나면 쇼핑몰에 가거나 다른 일을 할 수 있을 거야."

아이들이 숙제를 하기 위해 위층으로 올라가면서 회의는 끝이 났다. 조이가 만족스러운 표정으로 소파에 몸을 묻으면서 말했다.

"당신도 느끼겠지만 난 씨월드에서 배운 고래 반응이라는 게 벌써 좋아지기 시작했어요."

며칠 후에 웨스가 조이에게 제안을 했다.

"우리 관계에도 고래 반응을 사용해보는 게 어떨까?"

"저도 그렇게 해보려고 생각했어요."

조이가 동의했다.

"데이브와 얘길 나누면서 내가 당신에게 뒤통수치기 반응 방식을 사용하고 있었다는 걸 깨달았어요."

조이가 자신의 실수를 인정하자 웨스는 미소 지으며 다정하게 말했다.

"나도 당신의 긍정적인 면을 강조해주지는 못한 것 같아."

"우리 먼저 앤 마리 버틀러에게 전화를 해보는 게 어떨까요?"

조이가 제안했다.

"당신이 그녀에게서 배운 것들을 말하는 것을 듣고 전화로라도 그녀와 꼭 한번 얘기해보고 싶었어요. 어쩌면 우리 관계를 개선시키기 위해 어떻게 시작해야 할지 구체적으로 가르쳐줄지도 모르잖아요."

웨스도 동의했다. 그는 전화기를 들고 앤 마리 버틀러가 준 명함에 나와 있는 번호를 눌렀다. 전화벨이 울리고 스피커폰을 통해 앤 마리 버틀러의 목소리가 들려왔다.

"안녕하세요, 웨스 씨!"

앤 마리의 쾌활한 목소리가 방 안을 가득 채웠다.

"무슨 좋은 일이라도 있으신가요?"

"저의 가장 절친한 친구를 소개시켜드리고 싶어서요. 제 아내 조이와 인사하세요."

"안녕하세요, 조이 씨. 만나서 반가워요. 남편분에게서 말씀 많이 들었어요."

"안녕하세요, 앤 마리 씨. 남편과 지금 고래 반응 관계를 만드는 것에 대해 얘기를 하고 있었어요. 당신의 조언이 필요할 것 같아서 전화를 드리게 됐어요. 우리 부부는 방금 최근 몇 년 동안 서로를 뒤통수치기 반응으로 대해왔다는 걸 인정했어요."

"두 분뿐 아니라 다른 모든 관계에서도 있을 만한 일이죠. 서로의 관계를 개선시키기로 약속하셨다면 정말 좋은 소식이군요. 고래 반응이 결혼생활에 얼마나 많은 활력을 주는지는 말로 설명할 수 없을 정도예요. 얼마 전 남편과 제가 근사한 프랑스 식당에서 식사를 하고 있을 때 일어났던 일에 대해 말씀드릴까요? 한쪽에는 누가 봐도 서로 사랑하는 사이라는 것을 알 수 있는 한 쌍의 남녀가 있었죠. 한 쪽이 말을 하면 다른 한 쪽은 상대방의 손을 잡은 채 웃으면서 그 말을 듣고 있었죠. 완전히 상대방에게 몰입하고 있다는 게 보이더군요. 식사를 한 지 두 시간 반이 지났고 음식도 다 먹은 상태였지만 그 둘은 계속해서 서로에게 몰입하고 있었죠. 그런데 그 반대쪽에는 그와 완전히 다른 남녀가 함께 있었어요. 둘은 서로를 무척이나 지겨워하는 것이 역력해 보였죠. 말도 별로 없었고 심지어 눈길조차 오가지 않았어요. 마치 서로 저녁을 함께할 마땅한 사람이 없어서 어쩔 수 없이 만난 사이처럼 보였어요. 저는 남편에게 '저 두 사람이 부부라면 완전히 실패작인 듯해요. 그런데 아무도 끝내고 싶어 하지 않는 듯하군요'라고 말했죠."

"저희도 그런 관계를 몇 번 본 것 같아요."

웨스가 지난번 레스토랑에서 보았던 한 쌍의 남녀를 떠올리며 말했다.

"아무 할 말도 떠오르지 않을 때는 어떻게 해야 하죠?"

웨스가 물었다.

"우선 상대방이 잘한 일에 대해 관심을 가져주는 것이 중요해요. '눈에 콩깍지가 씌었다'는 말 아시죠?"

"그럼요."

"그 말이 정확히 어떤 걸 의미한다고 생각하죠?"

"그건 처음 사랑에 빠졌을 때는 상대방의 좋은 면, 그러니까 긍정적인 면밖에 보이지 않는다는 뜻이죠."

웨스가 대답했다.

"맞아요. 처음 관계가 시작될 때는 모든 관심을 상대방의 긍정적인 면에만 맞추게 되죠. 부정적인 것은 보이지 않거나 보이더라도 중요하게 생각하지 않는 거예요. 그러다가 결혼하고 서로 같이 살게 되면서 상대방의 단점을 보게 되고 자신의 사랑이 맹목적이었다는 사실을 깨닫게 되죠. 작은 실수 하나에도 큰 소리를 내게 되고 그게 더 발전하여 파국에 이르게 될 때는 상대방이 잘한 일조차도 비난하게 되죠. 예를 들어 '이런 걸로는 충분하지 않아', '나한테 물어봤어야지', '수요일까지는 끝냈어야 한다고'와 같은 말을 하게 돼요."

"마음 아프지만, 익숙한 얘기로 들리는군요."

조이가 조금 씁쓸한 표정으로 말했다.

"너무 염려하진 마세요. 아주 흔히 있는 일이고 당신은 지금 그 상태를 개선시키려 하고 있으니까요. 이렇게 말하면 사람들은 저에게 결혼 상담도 하냐고 물어봐요. 그러면 저는 이렇게 말하죠. '아니요. 그런데 한 가지만 물어볼게요. 자기 자신, 사랑하는 사람, 아이들, 상사, 부하직원, 동료, 그리고 친구들과의 관계가 지속되길 바라나요?'라고요. 당신들은 어떤가요?"

"물론 그렇게 되도록 노력하고 싶어요."

웨스가 대답했다.

"노력한다는 표현에 대해서는 생각할 여지가 있군요. 노력하는 것은 아무것도 하지 않는다는 표현보다 그저 좀 더 요란한 표현에 불과할 수도 있죠. 결혼 상담을 하려는 사람들에게 '두 사람의 관계가 지속되길 바라나요?'라고 물었을 때 많은 사람들이 '우리 관계가 잘 돼나가도록 노력하고 싶어요'라고 대답하곤 하죠. 그러면 저는 엉뚱한 곳에 돈을 낭비하지 말라고 충고하죠. 결혼 상담이란 양쪽이 모두 그 관계를 이루기 위해 헌신하지 않고는 결코 효과적일 수 없는 법이죠. 어느 한 쪽이라도 거리를 두고 상대방을 재고 있으면 안 되는 것이죠. 그러면 관계는 여전히 실험 단계에 있기 때문에 어느 누구도 정직하기가 쉽지 않아요. 일단 서로에게 헌신하게 되면, 당신은 혹시 말을 잘못하여 그 관계가 끝나버릴지도 모른다는 두려움 따위는 없이 어떤 문제든 받아들일 수 있을 거예요. 두 분 다 서로에게 충실히 헌신하게 되는 것이죠. 자, 그럼 한번 물어볼게요. 웨스 씨, 당신은 아내와의 관계가 지속되길 바라나요?"

"네!"

웨스가 이번에는 확신에 찬 말투로 대답했다.

"당신은 어때요, 조이 씨? 당신도 남편처럼 서로의 관계가 지속되기를 바라나요?"

조이의 머릿속에서는 앤 마리의 조금 전 설명이 맴돌았다. 조이는 웨스처럼 간단하게 대답하지 않고 몇 마디 말을 덧붙였다.

"솔직히 말씀드리자면 제가 플로리다에 다녀오기 전까지는 확신이 없었어요. 하지만 앤 마리 씨, 그리고 지금 당신과 얘기하고 나니 우리 부부가 서로에게 부정적으로 대해왔다는 점을 인정하지 않을 수 없군요. 이제는 당신의 질문에 긍정적으로 대답할 수 있을 것 같아요."

말을 하면서 조이가 웨스의 손을 잡았다. 조이의 말이 끝나자 앤 마리가 말을 이었다.

"당신들 두 분이 모두 동의를 했으니 이제 성공으로 가기 위한 기초는 마련된 셈이네요. 물론 그 길이 쉽지 않은 길이라는 건 알고 있겠죠?"

"물론이죠!"

웨스와 조이 모두 동의했다.

"제 생각에는 두 분이 함께 주기적으로 서로 간의 약속을 새롭게 하는 것이 좋을 것 같군요. 관심이 부족하면 어떤 것이든 사라지기 때문에 약속도 주기적으로 상기할 필요가 있어요."

앤 마리가 말을 계속하려는데 조이가 중간에 끼어들었다.

"다음에 무슨 말을 하실지 짐작이 가는군요."

"어떤 건데요?"

"일단 우리가 한 약속을 성실하게 이행하면, 즐거운 고래 반응 게임이 시작된다는 것이죠. 그렇게 되면 우리 두 사람은 계속해서 관계를 개선시키기 위해 더욱 노력하게 되고, 그 노력의 과정에서 다시 많은 즐거움을 얻을 수 있게 될 거라는 것 아닌가요?"

"제가 하고 싶었던 말 그대로군요."

앤 마리가 웃으면서 말했다.

"그게 바로 긍정 대 긍정의 법칙을 따르는 것이죠. 긍정적인 반응은 사람들에게 긍정적인 일을 계속하도록 만드는 동기가 돼요. 계속적으로 관계가 상승 곡선을 그리게 되죠."

"궁금한 게 한 가지 있어요. 만약에 상담을 요청한 남녀가 당신의 질문에 대해 '아니오'라고 대답하면 어떻게 응대해주시나요?"

"그 경우 결혼 상담소로 가서 상대방과 아이들에게 상처 주지 않으면서 헤어질 수 있는 방법에 대해 상담을 해보라고 권하죠. 긍정적인 방식으로 관계를 끝내는 것도 가능하죠."

앤 마리의 부드럽지만 단호해 보이는 말에 웨스가 말을 돌렸다.

"우리는 긍정적인 면을 강조할 거야, 맞지, 여보?"

웨스의 기분을 이해한 조이가 거들었다.

"그래요. 앤 마리 씨, 우리가 어떻게 시작해야 할지 조언을 해주세요."

"제가 직접 말씀드리기보다는 두 분이 함께 머리를 맞대고 앉아 서로의 관계에서 문제라고 생각되는 부분에 대해 얘기해보는 것이 어때요? 문제가 파악되면 그 다음으로 그 문제를 해결할 수 있는 긍정적인 방법에 대해 다시 의견을 주고받으면 될 거예요."

웨스와 조이는 앤 마리의 충고대로 했다. 그날 저녁 그들은 서로가 원하는 것에 대해 솔직하게 얘기하기 시작했다. 조이는 웨스에게 가족이 하나가 되는 데 도움이 될 수 있도록 그가 저녁에 일찍 들어오면 좋겠다고 얘기했다.

"솔직히 당신이 일찍 들어오지 않았던 게 내가 당신에게 부정적이었던 이유 같아요."

그녀가 털어놓았다.

"당신이 없을 때마다 난 상처받았고, 그럴 때마다 뒤통수치기 게임이 시작되었죠."

"나도 느끼고 있었어. 앞으로는 정말 일이 많거나 바쁘지 않다면 집에 일찍 들어오도록 할게."

조이의 표정이 밝아졌다.

"1주일에 2~3일만 그렇게 해줘도 정말 큰 의미가 있을 거예요. 당신의 일이 중요하고, 정말로 노력을 많이 해야 한다는 사실도 알아요. 하지만 우리 가족 모두가 일체감을 가지기 위해서는 함께 모이는 것이 중요해요. 당신이 저녁식사 시간에 맞춰 집에 들어오는 건 규칙이 아니라 축하할 일이 될 거예요."

"나도 그렇게 생각해."

웨스가 동의했다.

"나에게도 우리 가족이 먼저야. 당신도 알겠지만, 내가 꼭 회사에 늦게까지 남아 있어야 할 때도 분명히 있을 거야. 하지만 이번 주부터는 특별한 일이 없는 한 제시간에 퇴근해서 집에 오도록 할게. 그리고 앞으로는 회사 일이나 걱정거리를 집으로 가져오지도 않을게."

"저도 작은 일로 당신을 괴롭혀서 집에 돌아오기 싫도록 만들지 않을게요."

조이도 자신의 잘못을 시인했다.

"아무도 완벽하진 않아요. 하지만 함께 노력하면 가능한 일이에요. 이제부터 당신이 나와 아이들을 위해서 해주는 모든 일에 대해 당신이 마땅히 받아야 하는 칭찬과 격려를 아끼지 않을 거예요."

"정말 반가운 얘기인 걸."

웨스는 그렇게 말하며 조이에게 키스했다.

며칠 후 앨리는 엄마에게 자신의 친구 얘기를 했다.

"머린이 요즘 계속 자기 남자친구인 휴에 관한 얘기를 저한테 털어놔요. 머린은 남자친구가 요즘 이상한 애들과 어울려 다니기 시작해서 엄청 화가 나 있어요. 머린은 자기 남자친구와 시간을 더 보내고 싶어 하거든요. 휴가 이상한 일에 빠질까봐 걱정하고 있어요. 머린이 그러는데 휴의 부모님이 최근에 이혼을 하셨대요. 휴는 지금 엄마와 사는데 아빠를 무척 그리워해요. 그런데 휴의 엄마는 휴에게 잔소리만 하신대요. 물론 머린도 최근에 휴가 그렇게 반항적으로 변한 게 집안 문제 때문이라는 걸 알고 있어요. 그래서 말인데요. 엄마는 휴의 엄마와 친구니까 얘기를 좀 해봐주실 수 있나요?"

"내가 알기로는 휴의 엄마가 최근 이혼하고 나서, 직장에 다니며 휴를 돌봐야 하는 상황에 적응하기 위해 무척이나 애쓰고 있다는 구나. 그리고 네 얘기와는 다르게 요즘 휴가 이상할 정도로 까다롭게 군다더라. 앨리야, 나도 걱정이 되긴 하지만 그렇게 꼬치꼬치 캐고 싶지는 않구나. 다른 부모의 양육 문제에 대해 얘기하는 건 쉽지 않은 일이란다."

"저도 잘은 모르지만 그럴 것 같아요, 엄마. 하지만 두 분이 친하니까 차를 마시면서 얘기를 나눠보면 낫지 않을까요? 그것만으로도 머린에겐 정말 많은 도움이 될 거예요."

조이는 딸의 제안에 대해 며칠 동안 생각해봤다. 솔직히 휴의 엄마인 새런에게 고래 반응 방식을 사용한 양육 방법에 대한 얘기를 나누는 것이 내키지 않았다. 상황이 별로 좋지 않았기 때문이다. 하지만 며칠이 지난 후 조이는 딸의 부탁도 있고 해서 마침내 새런에게 전화를 걸어 출근하기 전에 함께 차를 마시기로 했다.

"세상에!"

새런은 만나자마자 한숨 섞인 말을 하기 시작했다.

"이렇게 힘들 줄은 몰랐어. 새로 구한 회사에서는 하루 종일 일해야 하고 집에 돌아와서는 반항만 하는 아들 때문에 걱정이 이만저만이 아니야."

새런은 곧 휴와의 문제를 털어놓기 시작했고, 조이는 그녀가 두려움과 혼란으로 인해 아들과 뒤통수치기 게임을 하고 있다는 사실을 알게 되었다.

"내가 몇 번씩이나 그 애한테 외출할 때는 어디에 누구와 함께 가는지 얘기하라고 했는데 그 말을 들은 적이 없어. 말로 못한다면 쪽지라도 써놓고 가야 할 텐데 그마저도 하지 않아. 전화 좀 하는 게 그렇게 어려운 일일까?"

조이는 새런에게 동정심이 일었지만, 새런이 아들의 잘못에만 초점을 맞추는 걸 보면서 그런 식으로는 아들과의 관계가 계속 악화될 수밖에 없으리라고 생각했다. 새런의 불만을 한참 듣고 난 후에 마침내 조이가 말했다.

"하루 종일 일하고 집에 돌아와 아들의 행방을 모른다는 것이 얼마나 힘든 일인지 알아. 네가 그 아이를 사랑한다는 것도 잘 알겠고, 지금 이 상황이 둘 모두에게 힘들다는 것도 알겠어. 하지만 이제는 너와 아들이 서로 적이 아닌 친구가 돼야 할 때가 된 것 같아. 우리 아이들도 얼마 전까지만 해도 나와 많이 삐걱거렸는데 지금은 새로운 방법을 통해 친구처럼 지내고 있어. 어떻게 했는지 한번 들어볼래?"

"한번 얘기해보렴. 어떤 얘기라도 듣고 싶어. 난 정말 이제 어떻게 해야 할지 모르겠거든."

새런은 지푸라기라도 잡는 심정으로 말했다. 조이는 최근에 있었던 일들을 새런에게 자세하게 들려줬다. 대화가 끝나자 새런은 두 개의 목록을 만들었다. 하나는 휴를 나무라지 않으면서 자신이 필요한 것을 얘기하고, 휴와 적절한 합의 사항을 만드는 방법에 관한 것이었다. 그리고 다른 하나는 휴가 합의 사항을 지켜나가면서 작은 발전이라도 있을 때 새런이 그것을 알아채고 칭찬해주는 방법에 관한 것이었다. 새런은 두 개의 목록을 보면서 무척 마음에 들어 했고 마지막으로 조이를 껴안으며 고마운 뜻을 전했다.

"정말 고마워. 그동안 희망이 얼마나 좋은 것인지 잊고 있었던 것 같아."

＃ 제5장

회사를 살린 칭찬의 힘

You are excellent

가끔은 나를 칭찬한다

 사무실에서 웨스가 회계 담당자와 얘기를 나누고 있는데 상사인 짐 반스가 들어왔다.
 "잠시 볼 수 있을까?"
 반스는 심각한 얼굴을 하고 있었다. 두 사람은 반스의 사무실로 향했고 사무실 문이 닫히자 반스가 말을 꺼냈다.
 "자리에 앉게. 최근 판매 수치가 하락하고 있다는 사실을 알고 있을 거라 생각하네. 그와 관련해서 뭐 들은 것이나 아는 것이 있나?"
 웨스는 순간 당황했지만 문제점이 무엇인지 알고

있었기에 차분하게 대답했다.

"미네소타 주가 문제라고 생각합니다. 주문이 상당히 많은 지역인데 최근 3개월 동안 주문이 계속 줄어들고 있습니다. 하지만 곧 올라갈 거라고 생각합니다. 그리고 최근 몇 사람을 교체했습니다. 새로운 사람들을 훈련시키고 있고 생산성을 높일 수 있도록 시간을 주고 있습니다."

"그런 일이라면 다 알고 있네."

반스가 거만한 투로 말했다.

"문제는 자네가 예전만큼 판매고를 올리지 못한다는 것일세. 자네 직원들은 자네의 팬이 아닌데 자네는 항상 그들이 생산성을 올릴 수 있다고 생각하고 있어. 내 생각에는 자네가 너무 물러진 것 같아."

"물러지다니요?"

반스는 주머니에서 웨스가 직원들에게 선물했던 작은 범고래상을 꺼냈다.

"예를 들자면, 이걸세."

그는 범고래상이 혐오스럽다는 듯이 말했다.

"자네 직원들이 이런 장난감을 가지고 놀고 있더군."

"그건 격려의 상징입니다."

"나도 그 정도는 알고 있네. 그런데 뒤통수치기니 고래 반응이니 하는 건 다 뭔가?"

웨스는 속으로 탄식을 했다. '이런! 이런 일이 있을까봐 걱정했는데!' 그러나 웨스는 침착하게 대답했다.

"걱정하실 것까지는 없을 듯합니다. 그건 새로운 관리 기법입니다. 충분히 연구된 것이고 곧 효과를 발휘할 겁니다."

갑자기 반스는 자리에서 일어나 방 안을 이리저리 돌아다니기 시작했다.

"연구라고? 세상에, 고래나 훈련시키려고 만들어진 방법을 가지고 연구라고!"

"맞습니다. 하지만 그 기술은 간단한 듯 보이지만 기본적인 것입니다. 핵심은 사람들의 행동에 대해서 부정적으로 반응하는 대신 긍정적으로 반응하는 것이죠. 예전에는 사람들이 실수를 하면 그걸 붙들고 늘어지면서 비난했죠. 그리고 반대로 잘한 일에 대해서는 당연한 것으로 여겼습니다. 이제부터는 그것들을 올바른 방향으로 바꿔나갈 생각입니다."

"그게 내가 들은 전부는 아닌데……."

반스가 불평하는 투로 말했다.

"또 뭘 들으셨다는 거죠?"

웨스가 진지하게 물었다.

"알려주십시오. 누가 뭐라고 했습니까?"

반스는 성가시다는 듯이 고개를 저었다.

"누가 말했는지는 알려줄 수 없네. 하지만 지난 몇 주 동안 두 사람으로부터 자네가 팀에 대해 너무 무르게 군다는 말을 들었다는 건 말해줄 수 있네. 그 얘기를 듣다 보니 마치 장님이 장님을 안내하는 것 같다는 생각이 들더군."

"제겐 정말 터무니없는 말로 들리는군요."

웨스는 여전히 침착함을 잃지 않고 대답했다.

"오히려 저는 사람들의 압박감을 덜어주려고 했습니다."

"바로 그게 문제일세. 그런 점이 문제라고……."

반스는 웨스에게 다가와 소리쳤다.

"지금은 압박을 덜어줄 때가 아니라 더 가할 때야. 이봐, 웨스. 난 자네가 판매고만 떨어뜨리지 않는다면 뭘 하든 상관없네. 오늘 아침에 빌 야스퍼스가 우리 부서 전체의 생산성에 대한 보고서를 가지고 왔어. 그는 생산성이 높아지길 바라고 있네. 난 정말로 자네가 생산성을 높일 수 있는 모든 일을 하길 바라네."

"잘 알겠습니다."

"한 가지 더 있네."

반스는 흥분이 가라앉지 않은 채로 계속 말을 이었다.

"우리 생산성 보고서가 4월에 나올 것이라는 건 말하지 않아도 잘 알고 있겠지? 그 말이 무슨 의미인지 자네도 알 걸세. 자네가 직원들에게 얼마나 친절하게 굴건 상관없네. 하지만 생산성이 낮다면 높은 고과를 주지는 못할 걸세. 자네나 나나 시스템이 어떻게 돌아가고 있는지 잘 알고 있어. 자네가 해야 할 일은 훌륭하게 업무를 수행하는 사람과 보통사람을 구분하고, 또 보통사람과 실적이 떨어지는 사람을 구분하는 것일세. 우리는 지금 휴양지에 와 있는 게 아냐."

얘기를 끝내고 반스의 사무실을 나와 복도를 걸어가면서 웨스는 하비 미한과 거스 술레르모가 반스의 사무실로 들어가는 것을 보았다. 웨스는 상사에게 고자질한 두 사람이 누구인지 확실히 알 수 있었다. 그날 오후 휴게실에서 웨스는 하비와 거스를 만나게 되었다.

"잘 있었나."

웨스가 먼저 인사를 건넸다.

"잠깐 시간 있나? 나를 좀 도와주게. 난 자네 둘이 우리 팀의 리더라고 생각하네. 자네들의 행동은 다른 사람들에게 아주 큰 영향을 미치고 있어. 지금 우리 부서의 영업 실적이 하락하고 있는데, 우리가 서로 배척하지 않는다면 그 실적을 끌어올릴 수 있다고 생각하네."

"뒤통수치기는 아니죠?"

하비가 웨스의 말을 비꼬았다. 그러나 웨스는 무시하고 말을 이었다.

"제안을 하나 할게. 앞으로 6개월 동안 자네 둘이 내가 지금 하고 있는 일을 지지해주고 협조해주게. 그리고 내 관리 방식에 대해 그렇게 빨리 거부 반응을 보이지 말고 그냥 있는 그대로 받아들여 주었으면 해. 만약 6개월이 지나서도 우리의 실적이나 관계가 나아지지 않는다면 내가 지금 하고 있는 고래 반응 방식을 포기하겠어. 자, 어떤가?"

거스와 하비는 서로 의심스럽다는 듯한 눈빛을 교환했다. 웨스의 제안이 별로 내키지는 않았으나 웨스가 기간을 정해놓았고, 무엇보다 부서의 업무 목표 달성이 위태로웠기 때문에 동의를 했다. 웨스는 그들의 동의에 진심으로 고마워했다.

"정말 고맙네. 내 제안을 승낙하는 게 자네 둘에게는 쉽지 않은 일일 텐데, 망설이지 않고 동의해주니 고맙군."

웨스는 복도를 걸어 나오면서 두 사람이 수군거릴 것이라 생각했으나 예상 밖으로 두 사람은 아무 말도 하지 않고 있었다. 사무실로 돌아온 웨스는 고래 반응 방식이 과연 회사에도 적용될 수 있을지 걱정스러웠다.

웨스는 상사와의 면담이 있던 날 집으로 돌아와 아내와 함께 아이들의 발전에 대해 얘기했다. 정한 목표를 향해 아이들이 발전해가고 그 발전 과정을 칭찬할 수 있는 기회를 가지게 되어 아내는 무척 기뻐하고 있었다.

"고래 반응을 하는 게 점점 쉬워지는 것 같지 않아요?"

그녀가 웨스에게 물었다.

"맞아. 그래서 나도 정말 좋아. 그런데……."

"그런데, 뭐요? 뭐 잘못된 일이라도 있나요?"

조이가 묻자 웨스는 한숨을 내쉬며 대답했다.

"고래 반응이 우리 집에서는 잘 되어가는데 회사에서는 그렇게 되질 않아. 오늘 상사인 짐 반스와 면담을 했는데 별로 좋지 않았어. 그는 우리 부서의 문제점이 내가 고래 반응에 집착하고 있기 때문이라고 생각하고 있어. 그는 내게 물러졌다면서 예전처럼 부서 사람들에게 압력을 가하라고 하더군."

"저런. 정말 안됐네요."

"조직이 압박을 받고 있을 때 가장 먼저 버려야 할 것이 실험적인 관리 방식이거든. 아직 고래 반응 방식의 효과를 알 수 있는 단계는 아니지만 이전 방식으로 돌아가야 할지도 몰라. 이런 불황에서는 사람들이 항상 직장을 잃을까봐 걱정하게 마련이거든. 사실 짐의 눈빛을 보니 그는 두려워하고 있었어. 마치 '아마도 내가 제일 먼저 해고될 거야'라고 말하는 듯했지."

다음 날 아침 웨스는 앤 마리 버틀러에게 전화를 했다. 정기적으로 주고받는 통화였다. 그녀는 일이 어떻게 되어가고 있는지 물었다.

"좋은 소식과 나쁜 소식 중 어느 걸 먼저 알려드릴까요?"

"아시잖아요. 좋은 소식부터 먼저 들려주세요."

"좋아요. 저와 아내의 관계부터 말씀드리죠. 이제는 서로 잘한 일을 알아차리고 칭찬해주는 것이 거의 습관이 됐어요. 그래도 항상 조금은 쑥스럽긴 해요. 특히 아이들 앞에서 서로에 대해 칭찬할 땐 더욱 그렇죠. 아이들은 그걸 정말 잘 알아차리더군요."

"어떻게 알아차리던가요?"

"어제 저녁엔 아내가 저에게 이렇게 말하더군요. '여보, 오늘 당신이 조금 늦을 거라고 전화해줘서 고마워요. 덕분에 식사 준비를 조금 늦춰서 우리가 다 같이 저녁을 먹을 수 있게 됐어요.' 그러자 딸아이가 이렇게 말하더군요. '엄마, 지금까지 한 번도 아빠에 대해서 그렇게 자랑스러워한 적이 없었던 것 같아요.' 그 말을 듣고 아내는 이렇게 말했죠. '네 말이 맞아. 네 생각에는 아빠가 잘 해주시기 때문에 엄마가 칭찬을 하는 것 같니?' 이 질문을 받은 딸아이의 대답이 정말 근사했어요. '아니요. 엄마가 칭찬을 해주시니까 아빠가 점점 나아지시는 거예요'라고 말하더군요."

"정말 똑똑한 아이로군요. 근사한 표현을 했네요."

웨스가 말했다.

"아내와 저는 고래 반응 게임을 시작하면서부터 서로 간에 사랑과 존경이 더욱 깊어졌어요. 이제는 상대를 긍정적으로 보는 것에 익숙해졌죠. 아이들도 그걸 느끼고 있고요. 어느 날은 딸아이가 이렇게 말하더군요. '요즘 엄마 아빠 사이가 굉장히 끈끈해졌어요.' 아들 녀석도 '맞아. 항상 서로 안아주고 손을 잡고 있잖아'라고 맞장구를 쳤고요. 그 얘길 듣고 아내는 아이들에게 '그래서 엄마 아빠가 그러는 게 불편하니?'라고 물었죠. 딸아이는 '그렇지 않아요. 처음에는 웃기다고 생각했는데, 이제는 익숙해졌어요'라고 대답하고, 아들 녀석은 '나는 아주 편안해요. 엄마 아빠가 서로 사랑하는 걸 보면 나도 더 사랑받는다는 느낌이 들어요'라고 말하더군요."

"얘기를 들어보니 두 분은 서로에게 매력적인 한 쌍이 된 것 같군요. 그리고 따님은 제가 처음 봤을 때보다 많이 변한 것 같아요. 따님이 왜 변했다고 생각하세요?"

"딸아이에게 고래 반응을 많이 해줬기 때문이겠죠."

"제 생각에는 그보다 좀 더 근본적인 이유가 있을 것 같은데요."

"어떤 걸 말씀하시는 거죠?"

"이렇게 해보세요. 당신의 오른손을 왼쪽 어깨에, 그리고 왼손을 오른쪽 어깨에 올려봐요. 그러고 나서 스스로를 꼭 껴안아주는 거예요. 웨스 씨, 당신도 변했어요. 제가 처음 당신을 만났을 때와는 다른 사람이 된 거죠."

"고마워요. 제 자신이 변했다는 건 저도 알고 있지만 말씀드리기가 쑥스러웠거든요."

"다른 사람의 장점을 꾸준히 강조한다면 자신에 대한 작은 칭찬은 별로 해가 되지 않지요. 가끔 저는 자기 자신에 대해 너무 엄격해서 다른 사람들에게도 엄격한 관리자들을 만나게 돼요. 그런 사람들은 항상 머릿속으로 자책하죠. '이건 더 잘했어야 하는 건데', '이런 바보 같으니라고, 자세한 부분을 다 잊어버리다니'라면서 말이죠. 제가 말한 사람을 한둘 정도는 알고 계시죠?"

"물론이죠."

웨스가 웃으면서 대답했다.

"만일 자신이 잘한 일을 알아챌 수 있다면 자신의 인생에서 많은 부분이 좋아질 거예요. 특히 인간관계가 그렇죠. 자기 자신을 좋아하는 사람과 함께 있는 것보다 즐거운 일은 없거든요."

"그게 바로 당신과 함께하는 즐거움의 비결인가요?"

"그럴지도 모르죠. 우리 아버지가 늘 해주셨던 말이 있어요."

앤 마리는 또박또박 다음과 같이 말했다.

"가끔 스스로를 칭찬하는 것은 아무런 해가 되지 않는다."

"앤 마리 씨, 이제 나쁜 소식을 말할 때가 된 것 같네요."

"말씀하세요."

웨스는 앤 마리에게 어제 상사와 있었던 일에 대해 말했다. 업무평가서에 대한 반스의 경고와 자신의 부하직원들이 달성해야 하는 목표에 대해서도 말했다. 또 하비와 거스가 보여준 자신에 대한 경쟁심에 대해서 설명했다. 설명을 다 듣고 나자 앤 마리가 말을 꺼냈다.

"우선 그 두 사람의 반대자에 대해서 얘기를 하죠. 제가 드릴 말씀은 버티라는 거예요. 몇몇 사람은 의심하고 방해할 거예요. 오히려 어느 정도 그런 반대는 필요한 일이기도 하죠. 하지만 변화에 반대하는 사람들은 처음에만 강하게 반발해요. 일단 변화가 도입되고 나면 가장 큰 지지 세력으로 변하죠. 반대가 있더라도 사람들을 신뢰하세요. 하려는 일에 집중하고 결과를 항상 상사에게 보고하세요. 신념을 가지고 밀고 나간다면 고래 반응 방식은 반드시 효과가 있을 거예요."

"고마워요. 저도 그러기를 바라요."

웨스가 말했다.

"그럼 이제 당신의 회사에서 사용하고 있는 그 업무 평가의 문제점을 말씀드려야 할 때가 됐군요. 순회 강연을 다니면서 저는 청중들에게 이렇게 묻곤 하죠. '여러분 중에 자신이 받는 업무 평가가 중요하다고 생각하시는 분은 손을 들어주실까요?' 그러면 강연회에 있는 모든 사람들이 손을 들죠. 그때 저는 다시 이렇게 말하죠. '그럼 자신에 대한 업무 평가서를 받고 짜릿함을 느끼신 분은 다시 손을 들어주세요'라고요. 그러면 대부분의 청중이 손을 내리고 들지 않아요. 손을 여전히 들고 있는 소수의 사람들은 대부분 업무 평가 시스템을 만들어낸 인사부 사람들이죠."

"왜 사람들은 업무 평가 시스템을 싫어하나요?"

"왜냐하면 그 평가 시스템은 각 직원들에게 가장 적합한 자리가 어딘지에 대해서는 전혀 고려하지 않고 단순히 사람들의 업무를 최상, 중간, 그리고 최저로 분류하기 때문이죠."

"그러고 보니 우리 회사 평가 시스템도 그런 것 같아요. 그런 시스템 때문에 고래 반응 방식이 도입되기 어려운 건 아닌가요?"

"분명히 그렇죠. 모든 사람들이 다 뛰어날 때는 더욱 그렇고요. 모두가 뛰어난데 어떻게 분류할 수 있겠어요? 그럴 때 업무 평가라는 건 사람들이 서로 최대한 경쟁하도록 만들 뿐이죠. 대신 협동심과 팀워크는 급격히 줄어들 거예요. 전 그런 회사의 최고 관리자들에게 이렇게 묻곤 해요. '여러분은 부하직원 모두가 뛰어난 사람들인 경우 업무 평가서를 채우기 위해 최저치의 업무 능력을 갖춘 사람들을 고용할 건가요?'라고 말이죠. 그렇게 물으면 모두가 웃더군요. 그럼 전 다시 말해요. '물론 그러지 않으시겠죠? 여러분은 일을 잘하거나 앞으로 잘할 만한 사람을 고용하고 격려해주고 싶으실 겁니다'라고 말이에요. 그 말을 요약하면 이래요."

앤 마리는 다시 또박또박 다음과 같이 말했다.

"사람을 한 가지 기준으로 평가하지 마라."

웨스는 앤 마리의 설명을 듣고 전통적인 방식의 업무 평가가 얼마나 잘못되었는지 이해했지만 그것이 자신에게 어떤 의미를 갖는지는 아직 확실히 알 수 없었다.

"그러면 제가 어떻게 하면 좋겠습니까?"

"지금 당신의 상사는 판매고를 올리기 위해 당신에게 압력을 가하고 있는 거예요. 고래 반응 관리 방식의 일환으로 당신의 부하직원들에게 앞으로는 최상, 중간, 그리고 최저로 분류하는 기존의 낡은 평가 시스템을 사용하지 않을 거라고 말하는 건 어때요? 그리고 고래 반응 방식은 모든 사람이 전부 승리할 수 있는 기회를 준다고 말씀하세요. 그게 실행될 수 있다면 사람들은 다른 사람과 경쟁하지 않고 자기 자신의 능력과 경쟁하게 될 거예요. 다시 말해 자신의 승리를 위해 다른 사람의 실수를 고려하지 않아도 되는 것이죠."

"그런데 제가 그것에 대해 어떤 식으로 약속을 해야 하죠? 반스와 다른 사람들이 절 방해할 것 같은데요."

"어느 정도 위험은 감수해야 해요. 위험을 염두에 두고 당신과 당신의 부하직원 모두가 서로를 믿으면서 격려해줘야 해요. 그리고 그 노력이 수치로 나타날 것이라고 믿어야 해요. 왜냐하면 반스가 정말로 신경 쓰는 건 그 수치밖에 없으니까요. 업무 평가서를 제출할 때는 최저치의 직원이 없어야 해요. 업무 배치를 잘한다면 최저치의 직원은 생기지 않을 거예요. 훈련이나 격려의 정도와 상관없이 만약 누군가가 기준치 이상으로 업무를 해낼 수 없는 경우에도 그 사람을 처벌해서는 안 돼요. 대신 그 사람이 일을 잘할 수 있는 자리로 재배치해줘야죠."

"잘 알겠습니다."

웨스는 앤 마리의 얘기를 듣고 힘을 얻었다.

"그렇게 하죠. 앤 마리 씨, 정말 고맙습니다. 데이브와 샴, 그리고 당신을 만난 이후 제 삶은 확실히 도전적으로 변했어요."

웨스는 전화를 끊고 책상 앞에 앉아 깊은 생각에 잠겼다. 앤 마리의 도움과 그로 인해 도전 정신을 키울 수 있었던 것에 대해서는 감사하는 마음이 생겨났다. 그러나 다른 한편으론 여전히 혼란스러웠다. '회사에서 고래 반응을 지속해야 할까?', '혹 그렇게 하는 것이 나의 미래를 위태롭게 만들지는 않을까?', '부하직원들이 모두 업무를 훌륭하게 수행해낸다고 하더라도 평가 시스템을 바꾸도록 상사를 어떻게 설득할 수 있을까?'와 같은 의문이 꼬리에 꼬리를 물고 그를 괴롭혔다.

칭찬은 결코 배신하지 않는다

    그날 밤 웨스는 잠을 이룰 수가 없었다. 떨쳐버릴 수 없는 중압감이 마음을 짓눌렀다. 결국 잠을 제대로 청하지 못한 채 웨스는 날이 밝기도 전에 일어나 회사로 향했다. 한적한 거리를 운전해가면서 그의 마음은 계속 무거워졌다. '위에서 나를 거부하게 될 거야. 내가 원하는 대로 업무 평가 시스템을 바꾸라는 앤 마리의 생각은 잘못된 것일지도 몰라. 어쩌면 그랬다가 곧 해고될지도 몰라.' 회사로 들어가면서 웨스는 회의실 문 앞에 잠시 멈춰 섰다. 바로 이곳에서 그는 직원들에게 고래 반응 방식에 관해 처음 얘기를 꺼냈고, 그 계획을 어떻게 펼쳐나갈 것인가에 대해 설명했다. 하지만 지금 그는 머리를 흔들고 있었다. '시작부터 잘못된 것이었을까?' 바로 그때 문 바깥쪽에서 열쇠 돌리는 소리가 들렸다. 누군가가 일찍 출근한 모양이었다. 문을 열고 들어온 사람은 메리디스였다. 그녀가 먼저 인사를 건넸다.

"일찍 출근하셨군요."

메리디스가 인사를 했는데도 웨스는 멍하니 그녀를 보고 있었.

"무슨 문제라도 있나요?"

"그런 거 없어요."

웨스가 짐짓 아무렇지도 않은 척 대답했다. 웨스는 차마 그녀에게 자신의 고민을 털어놓을 수 없었다. 웨스가 무언가 고민하고 있다는 걸 알아챈 메리디스가 다시 입을 열었다.

"저, 모든 면에서 일이 힘들겠지만 한마디만 할게요. 만일 고래반응 프로그램을 포기할 생각이라면 꿈도 꾸지 마세요. 당신의 칭찬과 격려는 이 회사에서 단 하나의 등불이에요. 물론 저를 포함한 다른 감독관들이 당신을 따라 부하직원들을 격려하는 걸 포함해서요. 저답지 않은 얘기지만, 진심이에요."

그녀는 말을 마치자 웨스에게 인사를 하고 복도를 걸어갔다. 분명히 그녀는 일을 하고 싶은 열망으로 가득 차 보였다. 웨스는 갑자기 에너지가 솟아오르는 것을 느꼈다. 앤 마리의 격려와 메리디스의 칭찬은 그의 흔들림을 다시 바로잡아주었다. 그는 다시 한 번 고래 반응을 실천하는 것이야말로 자신이 가야 할 길이라고 확신하게 되었다. 웨스는 포기하려던 생각을 접고 자신의 계획을 계속 밀고 나가기로 결심했다.

"자, 시작합시다."

월간 판매 회의가 시작되자 웨스가 말했다. 그는 자신의 오른쪽에 앉아 있는 젊은 사람을 가리켰다.

"앞으로 우리 텔레마케팅 판매부를 이끌어주실 하워드 라로스 씨입니다. 오늘은 하워드 씨가 근무를 시작한 첫날입니다. 아직 오리엔테이션 프로그램을 마치지는 않았지만 오늘 회의에 참석하는 것이 그리 나쁘지는 않을 것 같군요."

박수가 터져나오자 하워드는 기대치 못한 환대에 약간 놀라워했다. 웨스가 다시 말을 이었다.

"다들 아시겠지만 우리 회의는 다른 사람이 어떤 일을 잘해냈는지 서로 알아가는 것으로 시작합니다. 누가 먼저 하시겠습니까?"

"제가 하죠."

키가 크고 엷은 갈색 머리의 마샤가 말했다.

"이번 달 제 판매 목표는 20만 개였습니다. 이 목표의 92퍼센트를 달성했습니다."

마샤의 말이 끝나자 진심 어린 박수가 나왔다. 마샤 다음으로 라일이 자신의 목표를 110퍼센트를 달성했다고 말했다. 로베르토는 목표의 72퍼센트를 달성했다. 영업사원들은 자신의 성과에 대해 이야기할 때마다 박수갈채를 받았다. 다음으로 웨스가 건의 사항이나 질문이 있냐고 물었다. 하워드가 손을 들었다.

"저는 처음이기 때문에 이러한 회의 진행 방식을 이해하려면 도움이 필요할 것 같습니다. 제가 예전에 있던 회사에서는 전체 목표를 달성하거나 초과한 사람만 박수를 받을 수 있었는데, 이곳에서는 어떠한 성과든지 모두 칭찬하는군요. 만일 제가 맡고 있는 팀을 이렇게 계속 받아주다가는 팀원들의 업무 능력을 향상시키기가 어려울 것 같다는 생각이 듭니다."

"하워드 씨의 질문에 대해 어느 분이 답해주시겠습니까?"

웨스가 묻자 몇 명이 손을 들었다. 웨스는 피트를 지목했다. 그는 최고의 영업 성과를 내는 사원 중 한 명이었다.

"이곳에서도 얼마 전까지는 그런 시스템을 사용했습니다. 하지만 지금은 우리가 고래 반응 방식이라고 부르는 것을 실천하고 있습니다. 그 방식은 항상 모든 일이 잘 돼가는 것으로 생각하게 합니다. 왜냐하면 긍정적인 면을 강조하고 어느 누구도 자신의 업무 성과와 문제점에 대한 의견을 스스럼없이 나누기 때문입니다. 앞으로 회의가 진행되는 것을 보면 아시겠지만 이제부터 우리는 어떻게 해야 서로의 업무 향상에 도움이 될지에 관해 토론을 하게 될 겁니다. 우리 모두가 전체 모임의 참모가 되는 거지요."

"그 말씀을 들으니 이해가 되는 것 같습니다."

하워드가 대답했다.

"이렇게 함으로써 내부 경쟁을 하지 않아도 된다는 말씀이시죠?"

"맞습니다. 고래 반응은 타인과 경쟁하기보다 자기 자신과 경쟁하도록 해주죠."

몇 달 후 관리 업무에 관한 새로운 접근법은 다른 부서에도 알려지게 되었고, 다른 부서의 많은 사람들이 웨스에게 조언을 구해오기 시작했다. 그러자 메리디스와 몇 명의 감독관은 고래 반응 방식의 성공담을 기초로 한 프레젠테이션을 준비해서 다른 부서에 나눠주기도 했다. 시간이 흐르자 이 방식을 사용한 팀의 팀원들은 자신이 회사의 변화에 대한 증거가 되고 있다고 느꼈다. 그리고 차츰 모든 사람들의 영업 실적이 올라가기 시작했다. 얼마 후 웨스가 자신의 사무실에서 현재의 판매 수치와 관련한 짐 반스와의 회의를 준비하고 있을 때 가장 커다란 변화의 징조가 나타났다. 하비와 거스가 나타난 것이다.

"잠시만 얘기할 수 있을까요?"

하비가 웨스에게 면담을 요청했다.

"물론. 자네와 얘기할 시간은 항상 있지. 비록 자네들이 아직까지도 내가 하는 일을 비판하려고 해도 말이야."

웨스는 차분한 목소리로 말했다.

"사실은 그것과 관련해서 얘기를 나누고 싶은 겁니다. 들어가도 될까요?"

하비의 태도는 예전과 달라 보였다. 웨스가 말없이 의자를 가리켰고 의자에 앉은 후 하비가 말을 꺼냈다.

"회사를 변화시키기 위해서 많이 노력하신 점 저희도 압니다. 또 모든 사람들을 도와주기 위해서 스스로도 잊을 정도로 노력하신 것도 압니다. 하지만 저희는 지금까지 그 일에 대해서 반대를 했죠. 저희가 여기에 온 이유는 앞으로 더 이상 하시는 일을 방해하지 않을 거라고 말씀드리기 위해서입니다. 늦지 않았다면 도와드리고 싶습니다."

거스가 약간은 떨리는 목소리로 말했다.

"그거 정말 좋은 소식이군. 그리고 나도 자네들에게 말해줄 좋은 소식이 있네. 우리 회사 영업 실적이 전체적으로 상승했네. 자네들을 포함한 몇 명은 아주 뛰어났지만, 다른 모든 사람들도 계속해서 기준치를 웃돌고 있어. 조금 전 이번 분기의 보고서를 검토하고 있었네. 검토가 끝나면 짐 반스와 회의를 할 건데, 나는 그 자리에서 긍정적인 면을 강조하는 것이 우리 부서의 성공에 얼마나 중요했는지 말하려고 하네. 모든 사람들이 다 발전했어. 그리고 한 가지 더 말할 것을 생각해냈네. 관리자가 자신의 부하직원들을 등급별로 구분하도록 되어 있는 현재의 업무 평가 시스템은 우리 팀에 맞지 않는다는 사실을 말이야."

하비와 거스가 보여준 협력적인 태도를 보고 웨스는 한 가지 아이디어를 떠올렸다. 그 두 사람을 회의에 데려가는 것이다. 3 대 1로 짐 반스를 설득한다면 혼자 설득하는 것보다 훨씬 빠르고 효과적일 것이다. 웨스는 하비와 거스에게 부탁하고 그들과 함께 반스의 사무실로 갔다.

짐 반스와의 회의는 성공적이었다. 반스는 웨스의 부서에서 올린 실적을 보고, 그리고 하비와 거스의 확신에 찬 지지를 보고는 아무런 대꾸도 못했다. 반스는 업무 평가 시스템의 개선을 건의해보겠다고 약속했다. 회의를 마치고 사무실에서 나오는 순간 반스가 미소를 지으며 던진 한마디를 웨스는 결코 잊을 수 없었다.

"고래가 해냈군, 웨스."

KI신서 7828

칭찬은 고래도 춤추게 한다

1판 1쇄 발행 2003년 1월 30일
2판 1쇄 발행 2014년 6월 2일
3판 1쇄 발행 2018년 11월 2일
3판 7쇄 발행 2025년 2월 7일

지은이 켄 블랜차드, 타드 라시나크, 처크 톰킨스, 짐 발라드 **옮긴이** 조천제
펴낸이 김영곤 **펴낸곳** (주)북이십일 21세기북스
인문기획팀 팀장 양으녕
인문기획팀 이지연 서진교 노재은 김주현 이정미
해외기획팀 최연순 소은선 홍희정
출판마케팅팀 남정한 나은경 최명열 한경화 권채영
영업팀 변유경 한충희 장철용 강경남 황성진 김도연
디자인 한성미 **제작팀** 이영민 권경민
캐릭터 그래고래

출판등록 2000년 5월 6일 제406-2003-061호
주소 (우 10881) 경기도 파주시 회동길 201(문발동)
대표전화 031-955-2100 **팩스** 031-955-2151 **이메일** book21@book21.co.kr
그래고래 캐릭터 라이선스 031-955-2157

(주)북이십일 경계를 허무는 콘텐츠 리더

21세기북스 채널에서 도서 정보와 다양한 영상자료, 이벤트를 만나세요!
페이스북 facebook.com/jiinpill21   포스트 post.naver.com/21c_editors
인스타그램 instagram.com/jiinpill21   홈페이지 www.book21.com
유튜브 www.youtube.com/book21pub

당신의 일상을 빛내줄 탐나는 **탐구 생활 〈탐탐〉**
21세기북스 채널에서 취미생활자들을 위한 유익한 정보를 만나보세요!

ISBN 978-89-509-7775-7 03320

책값은 뒤표지에 있습니다.
이 책 내용의 일부 또는 전부를 재사용하려면 반드시 (주)북이십일의 동의를 얻어야 합니다.
잘못 만들어진 책은 구입하신 서점에서 교환해 드립니다.